AF389595

Histoire populaire

de la

Révolution d'Octobre

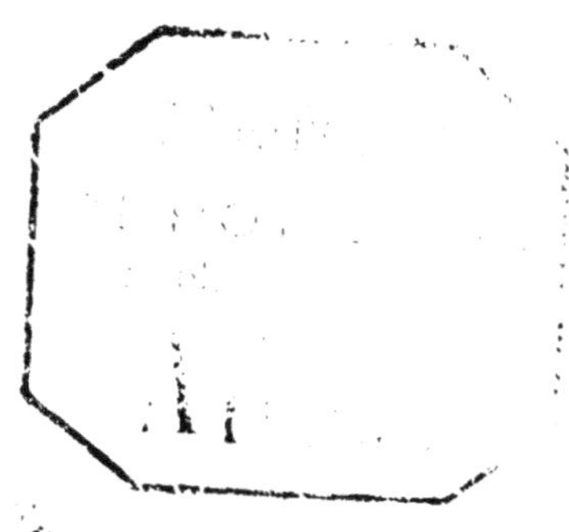

S. A. PIONTKOVSKY

Histoire populaire

de la

Révolution d'Octobre

1927

ÉDITIONS SOCIALES
INTERNATIONALES
3, Rue Valette, PARIS (5e)

CHAPITRE PREMIER

Les conditions de la révolution en Russie: relation du capitalisme russe en voie de développement avec le capitalisme de l'Europe occidentale et la monarchie nobiliaire et féodale des Romanov; concentration du prolétariat; forces révolutionnaires de la campagne des seigneurs; caractère ralenti de la crise révolutionnaire.

Le développement du capitalisme fut extrêmement rapide à la fin du dix-neuvième siècle et au commencement du vingtième. Débordant d'un pays sur un autre le capitalisme étendit sa tenace emprise à tout l'univers. Des organismes nationaux hostiles les uns aux autres, concurrents et rivaux prêts à toute heure à en venir aux mains pour la domination du monde, se créèrent dans l'univers capitaliste. La Russie participa à cette lutte.

Le capital mondial y vint, principalement de France et d'Angleterre, sous sa forme la plus achevée, sous sa forme bancaire, et fusionnant avec le capital national, fit des miracles. Maître des banques il se conduisit en maître dans l'immense pays, dont il dirigea la politique intérieure et étrangère.

Le capital étranger eut un rôle prédominant dans les banques russes. Exemples : la *Banque Russo-Asiatique* avait un capital de 55 millions de roubles, dont 36 millions de roubles de capitaux français ; la *Banque Commerciale pri-*

vée de Pétrograd avait un capital de 40 millions de roubles dont 22.800.000 r. de capitaux français [1]. Les capitaux français et anglais s'implantaient parallèlement dans l'industrie russe et s'y fortifiaient, s'emparant de branches entières de la production. Ils s'y présentaient au suprême degré de leur évolution, puissants, armés de la technique la plus moderne. D'immenses usines surgirent dans les steppes du Don, à Bakou, à Pétersbourg, comme sur un coup de baguette magique. Quelques chiffres permettront de juger du rôle du capital étranger en Russie. Les capitaux français dominaient 60,7 % de la production de la fonte et 50,9 % de celle de la houille. 527 locomotives sur 609, c'est-à-dire 86,5 % étaient en 1913 construites en Russie dans des entreprises françaises ; 56,1 % du capital investi dans l'industrie du naphte appartenaient aux Anglais [2]. Des historiens de l'industrie russe, tels que V. Iline (N. Lénine), Finn-Enotaevsky, Pogojev et d'autres ont noté que ce rapide développement du capitalisme fut accompagné d'une concentration et d'une centralisation très grandes aussi bien des capitaux que de la production.

Concentration de la production, tel fut le trait principal et caractéristique du développement du capitalisme en Russie au cours des dernières dizaines d'années. La grande production y prédomina manifestement sur la moyenne et la petite ; elle se développait plus rapidement et plus intensément. Le fait est noté par V. Iline (N. Lénine) dans son livre *Le développement du capitalisme en Russie*. En 1866, par exemple, le pays ne comptait que 42 entreprises employant mille ouvriers et plus ; 62.891 ouvriers sur un prolétariat de 319.739, c'est-à-dire moins de 25 % y étaient occupés ; en 1890, par contre, ces grandes entreprises

---

1. OLE : *Le Capital étranger en Russie.*
2. *Ibid.*

étaient au nombre de 99, occupant 253.130 ouvriers sur 587.965, soit presque la moitié (Iline). D'après Pogojev, « on voit en Russie, pays dont le développement industriel a été relativement tardif, prédominer les très grandes entreprises occupant mille ouvriers et plus, selon la classification allemande, plus de 500 ouvriers selon la classification belge. Le processus d'absorption de la moyenne et de la petite industrie par la grande se manifeste en Russie avec une netteté et un force particulière »[1]. Pogojev note que la concentration de la main-d'œuvre était plus grande en Russie qu'en Allemagne et qu'en Belgique. D'après les statistiques officielles de 1912, les entreprises occupant de 500 à 1.000 ouvriers employaient 15,1 % du nombre total des ouvriers ; 37,5 % étaient employés dans les entreprises occupant plus de 1.000 ouvriers. Les entreprises occupant moins de 400 ouvriers ne fournissaient du travail qu'à 20 % du prolétariat[2].

L'apparition en Russie du capital occidental, importé en grande quantité et sous sa forme la plus perfectionnée, eut ainsi que la concentration du prolétariat d'importantes conséquences. D'abord le capitalisme en voie de développement eut besoin de main-d'œuvre à bon marché et d'un appareil policier bureaucratique, assurant la sécurité de l'exploitation. Les campagnes affamées, se débattant dans les étaux de la féodalité, fournirent la main-d'œuvre à vil prix. Le capitalisme industriel fut dès lors intéressé à la conservation de la semi-féodalité — source de main-d'œuvre à bon marché — dans les campagnes ; mais cette semi-féodalité le priva bientôt du marché rural, les paysans miséreux étant de mauvais clients. Le capitalisme russe, maintenant les relations usuraires et la propriété seigneuriale

---

1. POGOJEV : *Statistique ouvrière en Russie*.
2. *Annales de la Société des usiniers et des fabricants de Moscou*, n° 1, p. 132.

dans les campagnes, dut chercher à compenser l'insuffisance et la pauvreté du marché intérieur par la recherche des marchés extérieurs.

L'accaparement de diverses branches d'industries par le capital anglo-français, son rôle dominant dans les banques et son influence sur le marché financier attachèrent étroitement le capitalisme russe au capitalisme européen, et, au premier chef, à son groupe anglo-français. Le capitalisme russe devint un satellite du capitalisme franco-anglais qui l'entraîna dans la lutte mondiale. Une politique étrangère agressive s'ensuivit, exigeant à son tour un mécanisme d'Etat solide et docile... Pour exploiter paisiblement le travail et réaliser des profits sur les marchés extérieurs, il fallait un mécanisme d'Etat susceptible, en cas de nécessité, de transporter les relations économiques dans un autre domaine. La conservation du régime existant en Russie fut dès lors dictée par les intérêts purement économiques du capital aussi bien étranger que russe. Un document nous montre quelles formes revêtit cette dépendance. Quelque temps avant la guerre le gouvernement russe eut, une fois de plus, besoin d'argent. Les boursiers français consentirent à lui en fournir, une fois de plus, mais aux conditions suivantes : « 1" la construction des lignes stratégiques prévues avec l'état-major français commencerait immédiatement ; 2" les effectifs de l'armée russe en temps de paix seraient considérablement augmentés ». Le ministre des finances M. Kokovtzev ajouta en communiquant ces conditions à M. Sazonov ministre des Affaires étrangères : « Je ne puis m'abstenir de faire observer que le consentement du gouvernement français à nous garantir la possibilité de réaliser chaque année une grosse somme aurait pour nous une importance indéniable... Il est d'ailleurs peu probable que les conditions posées par le gouvernement français à la réalisation de nos emprunts puissent créer des difficultés [1].

La Bourse française ne donnait pas seulement son argent à des conditions déterminées, elle exigeait aussi que cet argent fût dépensé sur le marché français. Elle exigea, en ouvrant des crédits au gouvernement de Romanov, que les commandes de l'armée russe fussent passées en France. M. Polivanov notait dans son journal, à la date du 2 décembre 1908 : « Stolypine m'a dit que l'ambassadeur de France Touchard était venu le voir aujourd'hui, afin de lui demander que le ministère de la Guerre n'oubliât pas dans ses commandes les usines Schneider...; il avait entendu parler de commandes à passer chez Krupp ; mieux vaudrait, disait-il, pour le succès de notre emprunt en France, s'adresser à l'industrie française [2] ». Ces documents dévoilent, on ne peut mieux, les rapports du tsarisme avec la finance française. Le tsarisme et la féodalité russe payaient littéralement la rançon de leur vie avec le sang des paysans et des ouvriers russes. De 1907 à 1912, le budget de la guerre et de la marine de l'Empire russe augmenta de 56 %, atteignant, vers 1914, 28 % du total du budget [3] !

Le capital financier, maintenant le tsarisme russe et freinant par là même le développement des forces productrices de la campagne russe, engageait ainsi le tsarisme dans les intrigues et les rivalités européennes.

Naissant sur un terrain vierge, il suscitait en même temps son pire ennemi, le fossoyeur de sa puissance, le prolétariat. Le prolétariat russe apparaît d'un seul coup sur la scène en masse compacte. Ecrasé par sa condition de demi-servage dans les campagnes, dépourvu de terre et attaché à la terre, il entrait dans des fabriques où l'exploi-

----

1. *Matériaux sur les relations franco-russes en 1910-1914.*
2. POLIVANOV: *Mémoires.*
3. PAVLOVITCH: *Marinisme, militarisme, etc.*

tation du travail gardait un caractère primitif et féodal. Le prolétariat entrant en lutte avec le capitalisme, ne lutta donc pas seulement pour son propre droit, mais encore pour l'abolition des survivances féodales. Cette particularité de la situation du prolétariat russe fut souvent notée par Lénine, qui écrivit : « Dans les pays tels que la Russie la classe ouvrière ne souffre pas autant du capitalisme que du développement insuffisant de ce dernier [1] ».

Cette situation intéressant la classe ouvrière en lutte pour son émancipation à l'abolition des vestiges de la féodalité fit que les paysans en lutte dans les campagnes contre les survivances du servage devinrent, par la force des choses, les alliés naturels des prolétaires. Les flots montants de la révolution bourgeoise-démocratique (paysanne) et de la révolution prolétarienne se confondirent, et le succès de la lutte engagée dépendit de leur cohésion. Lénine observait, dès novembre 1905, et cette conjonction de forces sociales et la différence de leurs fins : « Les social-démocrates entendent combattre, de concert avec l'ensemble des paysans, les propriétaires fonciers et les fonctionnaires et lutter en outre, de concert avec le prolétariat rural, contre le capital. La lutte pour la terre et la liberté est une lutte démocratique ; la lutte pour l'abolition de la domination du capital est une lutte socialiste [2] ». Ces lignes étaient écrites en novembre 1905 : les objectifs de l'action aussi bien des paysans que des ouvriers devenaient de plus en plus nets. Mais l'inéluctabilité de la fusion de ces deux courants sociaux et le rôle dirigeant du prolétariat dans la future révolution avaient été compris des social-démocrates russes dès leur apparition sur l'arène politique. Plékhanov affirma au début de son activité le rôle dirigeant

---

1. N. Lénine: *Œuvres*, t. VI, p. 329.
2. Lénine: *Œuvres*, t. VII, 1re partie, p. 29.

du prolétariat dans la révolution russe ; l'idée de l'hégémonie du prolétariat dans la révolution fut toujours le postulat principal du marxisme révolutionnaire russe.

Le prolétariat, force principale susceptible de démolir le tsarisme, se manifesta presque d'un seul coup. Dès 1885, lors de la grève des filatures Morozov à Orekhovo-Zouev, il se montra capable de lutter longuement avec organisation, avec réflexion. Des masses surent en cette circonstance défendre leurs revendications économiques avec organisation et fermeté. C'est ce qui fit leur force et permit à Plékhanov de dire que le mouvement révolutionnaire ne vaincrait en Russie qu'en tant que mouvement ouvrier. Le capitalisme et le tsarisme se manifestèrent à l'occasion de cette première grève importante comme des alliés étroitement unis dans l'entr'aide et la commune défense. Alexandre III s'intéressa vivement à la répression de la grève des filatures Morozov.

Le lien unissant l'autocratie à la fabrique fit que les questions du régime intérieur des fabriques et les questions de salaire devinrent des questions d'Etat. Lutter contre le régime intérieur des fabriques, lutter pour le salaire, devint par la force des choses un crime contre l'Etat. Rien d'étonnant que le prolétariat parti de la grève des filatures Morozov et des luttes économiques en arrivât promptement aux manifestations politiques et que, s'étant de nouveau heurté au tsarisme et à la bourgeoisie unis contre lui en novembre et décembre 1905, il ait posé résolument la question du pouvoir. Le prolétariat russe ne se contenta pas de poser le problème, il en aborda pratiquement la solution : pendant les journées de décembre de l'insurrection de Moscou (1905) et lors des insurrections qui éclatèrent en d'autres endroits, il lutta en fait pour le pouvoir, pour la dictature. Un chemin direct rattache l'insurrection de Moscou en décembre 1905 à la révolution d'Octobre 1917.

Ainsi, le capitalisme semé sur le terrain russe donna des pousses magnifiques. Le développement gigantesque du capitalisme financier en Russie, tout en conservant le système féodal, engendra le prolétariat qui, luttant pour sa propre émancipation, dut tout d'abord combattre l'autocratie. En 1905 le prolétariat russe fut vaincu par l'armée paysanne, la révolution agraire étant survenue avec quelque retard sur l'insurrection prolétarienne. Le tsarisme l'emporta aussi bien dans les villes que dans les campagnes.

Les racines du mouvement paysan plongeaient dans la nature même de la monarchie féodale. Il suffit de réfléchir aux chiffres indiquant la répartition du sol, produits par Lénine dans son travail sur *Le programme agraire pendant la première révolution russe*, pour comprendre quels furent les causes et le caractère de la lutte dans les campagnes. Ces chiffres nous montrent qu'il y avait face à face plus de 10 millions de petits propriétaires possédant au total 75 millions de déciatines [1] et 30.000 propriétaires fonciers possédant *à peu près autant de terres !*

Mais voici le tableau dressé par Lénine :

Répartition des terres en Russie d'Europe [2]

	Nombre de familles de cultivateurs (en millions)	Nombre de déciatines (en millions)	Moyenne des possessions par famille
Paysans pauvres exploités par les gros propriétaires fonciers	10,5	75	7
Paysans moyens	1	15	15
Paysans riches et propriétaires capitalistes	1,5	70	46
Latifundia (domaines féodaux).	0,03	70	2.333
Total	13,03	230	17,6
Non classés	13,03	50,1	—
Total	—	280,1	21,4

1. La déciatine vaut 1,09 hectare.
2. LÉNINE: *Le programme agraire pendant la première révolution russe.*

La grosse propriété foncière reposait sur le travail des paysans qui affermaient les terres ou y travaillaient à conditions déterminées. Les paysans attachés à la terre, écrasés par les impôts et les prélèvements variés, ne pouvant employer leur main-d'œuvre, ne faisaient, en affermant des parcelles, qu'aggraver la situation économique et soutenir la grand propriété féodale (les latifundia). Le besoin de terres — la possession de celles-ci étant une condition nécessaire de l'application productive des forces du cultivateur — et l'accroissement de la main-d'œuvre inemployée dans les campagnes jetèrent les paysans vers les grandes propriétés foncières, en qualité de fermiers ou d'ouvriers agricoles et aussi en révoltés, en expropriateurs, en insurgés. « Le pivot de la lutte, écrivit Lénine, est dans les latifundia, causes de servage, incarnation et appui principal des vestiges de la féodalité en Russie. Le développement de l'économie marchande et du capitalisme en nécssite absolument l'abolition [1] ».

L'action des paysans ne se confondit pas, en 1905, avec le mouvement ouvrier, et les paysans furent vaincus. Mais la grande propriété agraire féodale n'entra pas dans la voie de l'évolution capitaliste ; la noblesse dirigeante et le pouvoir appliquèrent tous leurs efforts à la conservation de la grande propriété seigneuriale et domaniale. Cette politique, loin de mettre fin à la crise agraire, ne fit que différer le choc des forces en présence.

La réforme agraire de Stolypine et la « mise sur les paysans riches » ne supprimèrent pas ces antagonismes sociaux et n'apportèrent aucune atténuation à la lutte des paysans appauvris contre les latifundia ; ce fut, par la force des choses, le capital industriel qui y gagna. La poli-

---

1. LÉNINE : *Le Programme agraire pendant la première révolution russe.*

tique agraire de Stolypine hâta l'apparition, parmi les paysans, d'éléments bourgeois et divisa la masse paysanne en couches économiques. Cette politique donna, selon la structure économique des régions, des résultats assez différents, mais lorsque la différenciation sociale s'opéra parmi les ruraux en présence des domaines féodaux, elle fut extrêmement lente et, de plus, les nouveaux éléments bourgeois ne formèrent pas une bourgeoisie campagnarde progressive, en voie de développement. La crise agraire ne fut donc que prolongée ; elle se faisait encore sentir cinq ans après la révolution de 1905. Un de nos propagandistes illégaux relatant ses rencontres avec Lénine en 1909 ou 1910, écrit : « Je trouvai Lénine travaillant attablé devant un livre de statistique publié par les *Zemstvos*. Il est nécessaire, me dit-il, de préparer à temps le programme agraire. Un mouvement agraire s'est produit en 1905 et nous n'avons pas de programme. Nous en avions un en 1906 mais il n'y avait plus de mouvement agraire. Nous devons nous préparer à une nouvelle action des paysans [1] ».

Au cours des années qui suivirent la défaite de la révolution de 1905 le capitalisme russe évolua rapidement, s'élevant du capitalisme des monopoles au capitalisme des monopoles d'Etat, bref se soudant de plus en plus avec l'Etat. L'Etat et le mécanisme capitaliste se confondirent parfois, et ce fait nouveau apparut nettement au prolétariat russe lors des événements de la Léna, en avril 1912. Les grèves et les fusillades des grévistes n'étaient pas choses extraordinaires dans l'histoire du prolétariat russe, mais la grève de Léna mit face à face la bourgeoisie et le prolétariat en une circonstance particulière caractérisée par la liaison de l'Etat avec la production, liaison visible et palpable à chaque pas, reconnue d'ailleurs par le représentant

---

1. *La Révolution prolétarienne,* n° 5, pages 237-238.

du gouvernement interpellé à la Douma : « Il en a été et il en sera ainsi », dit le porte-parole du régime et cette déclaration suscita parmi les ouvriers de vives protestations. Le gouvernement étant disposé à fusiller en toutes circonstances les grévistes, les ouvriers pouvaient et devaient poser nettement la question de la subversion de ce gouvernement. Il n'y avait pas d'autre alternative.

La lutte recommençait sur les positions mêmes de décembre 1905. Le prolétariat marchait à la conquête du pouvoir. Les paysans se soulevaient derrière lui. Quant au capitalisme russe, il participait avec énergie, dans sa recherche des marchés, à la lutte des gouvernements nationaux, y suivant en laisse la bourgeoisie franco-anglaise. Ainsi, le développement rapide du capitalisme industriel en Russie eut pour résultat la conservation de la propriété féodale dans les campagnes et l'affaiblissement de la bourgeoisie, qu'il jeta dans la politique impérialiste. Il créait en même temps dans les villes un prolétariat concentré, vigoureux et aguerri, et dans les campagnes une vaste armée révolutionnaire paysanne. La lutte des paysans pour la terre, lutte d'un caractère, au fond, bourgeois, aboutissait à la lutte contre le capitalisme et se confondit avec celle du prolétariat pour le socialisme. Les liens étroits du tsarisme et de la bourgeoisie russe avec le capitalisme mondial firent que chaque coup porté à la féodalité et à l'industrie russe retentit dans les banques françaises et anglaises. La lutte de classe revêtit en Russie un caractère international ; elle embrassait et compromettait, en effet, les intérêts du capitalisme européen. Des forces explosives s'accumulèrent dans l'organisme capitaliste russe ; mais elles se développaient, elles mûrissaient dans toute l'économie mondiale. La division du monde en organismes capitalistes nationaux intimement liés entre eux et pourtant hostiles les uns aux autres appela une solution de la crise par les armes.

gements dans le monde capitaliste. Le capitalisme de monopoles évolua rapidement, pendant les hostilités, vers le capitalisme de monopoles d'Etat. La révolution se rapprochait
d'autant. « La guerre impérialiste, écrivait Lénine, est le
prélude de la révolution socialiste. Et ce n'est pas seulement parce que ses horreurs appellent l'insurrection prolétarienne — nulle insurrection ne créera le socialisme s'il
n'est pas économiquement mûr — c'est parce que le capitalisme de monopoles d'Etat prépare une base matérielle au
socialisme, parce qu'il en est l'avant-coureur, parce que c'est
le degré de l'échelle historique entre lequel et le socialisme
il n'y a plus de degré intermédiaire [1] ». La guerre absorbait
aussi le prolétariat, modifiant sa composition sociale, y intro-
duisant des éléments petits-bourgeois. La révolution en était
retardée ; mais ce processus même augmentait sa force
potentielle.

---

1. LÉNINE, *Œuvres*, t. XIV, IIe partie, p. 108.

CHAPITRE II

Les classes sociales en Russie et la guerre : passage du capitalisme des monopoles au capitalisme de monopoles d'Etat et usure du capital constant; crise de l'agriculture; développement des antagonismes de classe; la bourgeoisie, le prolétariat et les paysans (petite bourgeoisie) devant la révolution.

La participation du capitalisme russe à la politique mondiale lui a coûté la vie.

La guerre creusa dans l'économie capitaliste mondiale, y compris l'économie russe, de profonds sillons. Elle modifia la structure même du capitalisme en précipitant la transition du capitalisme de monopoles au capitalisme de monopoles d'Etat. La soudure de l'Etat et de la production s'opéra très rapidement. La guerre aggrava enfin les antagonismes sociaux du régime capitaliste, dressant face à face le prolétariat et la bourgeoisie. Accumulant partout les ruines, elle accentua surtout les antagonismes sociaux en Russie ; elle rattacha étroitement le mouvement prolétarien et le mouvement paysan russe au mouvement prolétarien mondial. Le paysan russe participa, du fait qu'il s'insurgeait contre la guerre, à la lutte contre le monde capitaliste. Les forces révolutionnaires de la petite-bourgeoisie et du prolétariat se confondirent en Russie.

La modification de structure du monde capitaliste entré

dans une nouvelle phase de développement s'était partout manifestée d'un seul coup. L'industrie, et principalement l'industrie de guerre qui attestait la puissance du monde capitaliste, connut pendant les hostilités un développement formidable.

Les capitaux qui y étaient investis décuplèrent. Le tableau suivant montre quel fut en Russie l'accroissement des capitaux placés dans certaines industries de guerre.

Entreprises	1913-14	1914-15	1915-16	Augmentation relative aux années 1913-14	o/o
		(en millions de roubles)			
Société de construction mécanique Hartmann...	1,04	1,17	2,06	1,02	+ 98
Nikop	4,08	5,36	6,60	2,52	+ 61
Locomotives russes	0,64	1,05	2,30	1,66	+259
Usine de Toula (cuivres et cartoucheries)	2,88	8,39	15,51	12,63	+438
Société russe méridionale de construction de machines du Dniéper	9,64	8,41	11,11	+2,47	+ 25

Les capitaux de certaines sociétés anonymes connurent pendant la guerre un accroissement prodigieux. Ce furent surtout les capitaux investis dans les entreprises métallurgiques et chimiques qui s'accrurent. Ils doublèrent, triplèrent et quadruplèrent de 1915 à 1916. Dans l'industrie minière le capital des sociétés par actions passa de 20.862.000 roubles en 1915 à 62.662.500 roubles en 1916 [1]. La même croissance de l'industrie et le même afflux de capitaux vers elle s'observèrent en Europe occidentale, aussi bien dans les pays neutres que dans les pays belligérants. Les intérêts du capital augmentèrent en Europe ; le taux de l'escompte passa, en Angleterre, de 4,04 en 1914 à 5,47 en 1916 et, en Allemagne, de 4,89 en 1914 à 5,5 et demeura à ce niveau pendant toute la guerre [2].

---

1. *L'Economie nationale*, 1916, fascicule 2, p. 82.
2. KONDRATIEV : *L'Economie mondiale*, p. 67.

Les bénéfices patronaux croissaient parallèlement à ce développement et à cette recrudescence d'activité du monde capitaliste, aussi bien en Angleterre qu'en Allemagne et en Russie. D'après le professeur Kondratiev, les bénéfices des actionnaires passèrent, dans l'industrie minière anglaise, de 1,55 shilling la tonne de houille en 1909-1913, à 2,2 shillings en 1915 et 3,5 shillings en 1916. En Allemagne, les dividendes de l'*A.E.G.* (Société Générale d'Electricité) passèrent, de 11 % en 1914-15, à 12,5 % en 1916-17. En Russie, les bénéfices des industriels subirent une hausse formidable dès la première année de la guerre. Les bénéfices de la manufacture Demidov augmentèrent de 88 % pendant la première année de la guerre ; ceux des sociétés pétrolières du Caucase septentrional, de 99 %. Les dividendes des actions émises par les banques augmentèrent, d'après la *Gazette Commerciale et Industrielle*, de 50 %. La *Banque du Commerce et de l'Industrie russe* paya, en 1915, 20 roubles de dividendes par coupon et, en 1916, 30 roubles. La *Banque d'Azov et du Don* paya 20 roubles de dividendes en 1915 et 50 roubles en 1916.

L'industrie en plein essor apportait son or à la bourgeoisie ; mais cette prospérité renfermait de profondes contradictions. Tandis qu'affluaient dans l'industrie les capitaux et que montaient les bénéfices, la productivité du travail tombait. Deux processus s'accomplissaient, peut-on dire, parallèlement, l'un dans les pays ne participant pas à la guerre comme le Japon et les Etats-Unis d'Amérique, l'autre dans les pays belligérants. On n'observait pas, dans les premiers, de diminution de la production, au contraire. Dans les pays belligérants par contre, la production de l'industrie et de l'agriculture ne cessait de baisser. La production de la fonte, par exemple, dont nous donnons ci-dessous les chiffres, illustre bien ce double processus.

Production de la fonte [1]

Années	Angleterre	France	Etats-Unis	Allemagne	Italie	Belgique
1913	869	434	2.623	1.074	36	207
1914	756	928	1.976	843	32	121
1915	739	49	2.534	698	31	6
1916	755	109	3.340	772	39	11
1917	790	117	3,271	799	39	1
1918	768	108	3.308	765	26	—

Ce tableau nous révèle avec une grande netteté les deux processus inverses de l'économie mondiale : diminution et augmentation de la productivité. La diminution de la production s'observe avec plus de clarté encore dans l'économie capitaliste russe. La production minière et métallurgique — la plus indispensable aux industries de guerre et à l'outillage de l'industrie en général — y tombe d'année en année, comme le montre le tableau suivant (les quantités sont exprimées en pouds [2]) :

	Or	Cuivre	Fonte
1913	3.714,6	1.972.500	287.960.000
1914	4.056	1.888.000	264.250.000
1915	2.936	1.536.500	225.291.000
1916	1.858	1.269.000	231.865.000
1917	1.885,5	—	190.548.000

	Fer et acier	Houille	Naphte
1913	246.552.000	2.200.052.000	563.400.000
1914	240.033.000	2.175.425.000	556.900.000
1915	199.433.000	1.905.496.000	56.810.000
1916	205.862.000	1.954.688.000	492.000
1917	155.587.000	174.692.700	422.600

Il est intéressant de noter que le nombre d'ouvriers occupés dans l'industrie russe croît parallèlement à la baisse continue de la production. Si l'on désigne par 100 le nombre d'ouvriers occupés en 1910 dans 32 gouvernements, ce

---

1. *Livre Rouge.* N. SOUKHANOV : « L'Economie mondiale avant et après la guerre », p. 31.
2. Le poud vaut 16 kg. 380.

nombre passe à 118 en 1914 (1.352.500 ouvriers), à 125 en 1915 (1.440.900 ouvriers), à 129 en 1916 (1.477.000). L'accroissement de main-d'œuvre se remarque surtout dans les industries minière et métallurgique. Le nombre d'ouvriers dans la métallurgie passe, de 299.778 en 1913, à 452.374 en 1914. Le rendement individuel du travail diminue cependant. En 1913-14 un ouvrier produit 181 pouds de fonte par mois ; il n'en produit plus que 119 pouds à la veille de la révolution. Il en est de même dans toutes les branches de l'industrie. Le tableau suivant se rapporte au bassin houiller du Donetz.

Années	Moyenne mensuelle des ouvriers occupés dans les mines	Production annuelle d'un mineur (en pouds)
1913	168.000	9.185
1914	186.000	9.054
1915	181.000	8.989
1916	235.000	7.451
1917	280.000	5.393

Ces chiffres montrent qu'en dépit de brillantes apparences, la situation industrielle, qui couvrait d'or le patronat, n'était guère brillante.

L'incessante baisse de la production, allant de pair avec l'accroissement de la main-d'œuvre, attestait une grave crise ; les industriels stimulés par les besoins de la guerre s'efforçaient de maintenir la production en compensant par des appels réitérés à la main-d'œuvre l'usure de l'outillage. La guerre introduisait dans l'industrie une dissonance aiguë. L'industrie consommait sans créer ; la proportion entre ses branches se déformait. Le processus de reproduction prenait fin et l'industrie, tendant à maintenir la production au même niveau, devait imposer à son outillage un effort intensif et destructeur. Il en était ainsi dans toutes les branches de l'industrie plus ou moins liées à la guerre. Dans la métallurgie ce processus se manifestait par la diminution progressive du nombre de nouvelles machines remplaçant les anciennes. Le tableau suivant, concernant la métallurgie, permet d'apprécier la détérioration de l'outillage.

Outillage	Sud		Oural		Moscou		Volga		Nord	
	1912	1916	1912	1916	1912	1916	1912	1916	1912	1916
Hauts fourneaux	95	97	83	75	43	50	4	4	49	17
Convertisseurs .	32	28	7	3	1	»	»	»	4	4
Fours Martin ..	82	88	67	75	18	28	15	18	29	28

Le nombre de hauts fourneaux, dans le Sud, s'était accru de 16 entre 1908 et 1912 ; de 1912 à 1916 il ne s'était accru que de 2 [1].

Cette usure du capital fondamental et ce déséquilibre de la production, causés par la consommation effrénée de la guerre, se manifestèrent plus nettement encore dans des branches d'industrie ne travaillant pas directement pour l'armée et eurent de graves conséquences pour toute l'économie nationale.

Des phénomènes analogues se produisaient dans l'agriculture russe. Les machines agricoles usées disparaissaient alors qu'on avait presque cessé d'en produire. D'après Ismaïlovskaïa [2], la construction de machines agricoles ne donna en 1914 que 90 %, en 1915 que 50 %, en 1916 que 20 % et, en 1917, que 15 % de la production normale d'avant-guerre. Tout ce dont l'industrie agricole avait besoin allait aux usines de guerre. La demande de machines agricoles était pourtant énorme. La guerre avait porté, en arrachant au travail productif un grand nombre de paysans, un coup sensible aux campagnes. Dans certaines localités russes, la proportion d'hommes valides mobilisés atteignait

1. SARABIANOV : *L'Industrie métallurgique en Russie* (43-44).
2. ISMAILOVSKAIA : *La Construction russe de machines agricoles*, p. 47.

plus de 53 %. Il n'y eut pas une région en 1916 où le manque de main-d'œuvre ne se fît sentir plus ou moins fortement [1].

La guerre avait ouvert à l'agriculture russe de vastes perspectives ; la pénétration des principes bourgeois y avait été rapide ; mais, par suite du manque d'outillage et de machines agricoles, l'agriculture se trouva hors d'état de lutter contre la crise et elle périclita tout en s'adaptant en partie aux conditions du marché du temps de guerre. L'agriculture du Sud de la Russie fut la première atteinte. L'économie capitaliste, privée de machines et de main-d'œuvre, y périclita rapidement. Dans les régions centrales, les grandes cultures capitalistes furent plus résistantes, ce fut plutôt l'économie paysanne qui céda, comme le montre le tableau suivant [2].

Gouvernement de Kherson.

| Années | Déciatines (3) (en milliers) | | o/o | |
	Paysans	Propriétaires	Paysans	Propriétaires
1900/13	2.602	1.567	100	100
1914	2.692	1.591	103,6	101,4
1915	2.607	1.482	100,3	94,7
1916	2.655	672	102,1	42,8
1914/16	2.651	1.248	101,9	79,7

Gouvernement de Saratov.

| Années | Déciatines (3) (en milliers) | | o/o | |
	Paysans	Propriétaires	Paysans	Propriétaires
1900/13	2.173	188	100	100
1914	2.181	233	100,3	128,9
1915	2.199	223	101,2	118,9
1916	2.011	197	92,7	110,6
1914/16	2.131	217	98,2	115,8

Le déclin de l'économie paysanne, inégal selon les régions et d'une intensité plus ou moins grande, s'observa en général dans tout le pays. Il fut rapide dans les régions peu fertiles où la propriété féodale l'emportait ; il fut

----

1. KNIPOVITCH : *Economie rurale* (L'économie nationale en 1916), fascicule 5-6.
2. KONDRATIEV : *Le Marché des Céréales*, p. 40.
3. La déciatine vaut 1 hectare 09.

plus lent dans les régions fertiles où les paysans avaient
assez de terres et où le capitalisme agricole était développé.
La production destinée au marché baissa sous l'influence de
la crise provoquée dans l'agriculture par le manque de
moyens de production. La production destinée à la consommation personnelle fut plus résistante. Les chiffres montrant
la diminution des surfaces ensemencées par catégorie de
céréales le font ressortir : dans le sud la production des
céréales destinées au marché diminua plus que celle des
céréales destinées à la consommation locale ; dans le nord,
où l'agriculture était plus près des marchés et mieux armée
grâce au gouvernement, contre le manque de main-d'œuvre
(les prisonniers de guerre travaillant dans les grandes propriétés foncières de la région industrielle représentaient
27 % de la main-d'œuvre, et 0,3 % seulement chez les
paysans) [1], les grandes exploitations des seigneurs purent
mieux résister à la crise et se maintenir sur le marché. Le
tableau suivant, qui donne la superficie des emblavements
en déciatines, illustre ce qui vient d'être dit [2] :

	Terres noires			Terres moins fertiles		
Années	Seigle	Froment	Avoine	Seigle	Froment	Avoine
1913..	10.826.8	7.409.8	5.983.7	7.103.3	738.9	4.679.0
1916..	10.051.8	6.245.0	6.098.6	5.797.7	750.6	4.342.7

La crise de l'agriculture eut des effets différents sur
les différentes couches sociales de la campagne. Si les perspectives commerciales ouvertes à l'agriculture avaient donné
aux éléments bourgeois la possibilité de progresser, les
petits agriculteurs par contre, privés de moyens de production et de bras — leurs travailleurs étant mobilisés —
plièrent sous les charges de la guerre et, tentant de se main-

---

1. KRIATCHEV : *Les paysans pendant la guerre et la révolution,*
p. 25.
2. Chiffres donnée par le Commissariat de l'agriculture au 9^e
congrès panrusse des soviets.

tenir, achevèrent d'user leur outillage. Les antagonismes sociaux se développèrent et s'aggravèrent. La différenciation des classes s'accentua dans les campagnes appauvries en hommes et en outillage.

Le nombre de paysans dépourvus de bétail et de semences augmenta. Kriatchev donne dans son livre, *Les paysans pendant la guerre et la révolution*, des chiffres intéressants sur la différenciation de la population rurale à cette époque. Dans la région de Novgorod, le nombre de parcelles non ensemencées augmenta dans quelques districts de façon formidable. Dans le district de Bélozersk, le pourcentage des terres non emblavées, qui était de 1 en 1908, s'éleva à 14,7 en 1914 ; le nombre des entreprises sans bétail passa de 19,5 % à 31,7 %. Ainsi la guerre, ouvrant aux capitalistes de brillantes perspectives et leur assurant des dividendes de plus en plus élevés, sapait en même temps les bases du monde capitaliste en détériorant au cours de la production son capital fondamental, les machines. Une crise terrible menaça, ce dépérissement de l'organisme capitaliste de la production obligeant le capitalisme, dans ses efforts pour se maintenir au niveau antérieur et pour manifester sa puissance sur les champs de bataille, à concentrer un nombre croissant d'ouvriers dans les fabriques, afin de suppléer à l'usure de l'outillage par des appels à la main-d'œuvre. Mais la guerre mobilisait et armait des millions de travailleurs, le manque des articles de consommation se faisait sentir dans tout l'organisme capitaliste de bas en haut ; il fallut poser la question de la répartition des produits.

Le capitalisme avait mobilisé et armé les masses paysannes, ces mêmes masses paysannes au sein desquelles s'accomplissait un processus de différenciation sociale. Le capitalisme uni à l'État, devenant capitalisme de monopoles lution dont il hâtait la venue. Il avait, en augmentant la

lution dont il hâtait la venue. Il avait, en augmentant la
force numérique du prolétariat, modifié la qualité de ce
dernier ; les effectifs de l'armée révolutionnaire avaient
grandi tandis que baissait leur capacité de combat. Il avait
appelé dans les fabriques des paysans de mentalité petite-
bourgeoise et généralisé l'emploi des femmes dans l'industrie. Cet affaiblissement du prolétariat, quant à sa qualité,
avait différé l'explosion révolutionnaire dont l'accroissement
du nombre des prolétaires devait augmenter la force potentielle. En 1913 la proportion des femmes occupées dans
l'industrie n'était que de 26,6 % ; elle monta en 1917
à 43,2 %.

Le prolétariat russe tomba pendant la guerre dans une
situation économique des plus pénibles, qui facilita l'éveil
et la formation de sa conscience de classe. Ses salaires,
de même que ceux de ses frères d'Occident avaient plutôt
baissé. La hausse du coût de la vie avait été plus rapide
que celle des salaires. Dans l'industrie de guerre la hausse
des salaires avait été plus prompte que dans les autres
industries. Les salaires des potiers, porcelainiers, faïenciers
demeuraient, par exemple, à peu près stationnaires, tandis
que ceux des métallurgistes doublaient à peu près. La hausse
des salaires s'accusa surtout en 1916. Les métallurgistes
gagnaient (l'an), en 1914, 324 roubles ; en 1915 ils en
gagnèrent 445 et, en 1916, 761. Mais la hausse du coût de
la vie avait été plus forte. Si l'on désigne par le nombre
100 le prix du pain et le salaire de 1913, on constate qu'en
janvier 1915 le salaire s'élève à 128 et le pain à 141 ;
en avril 1916, le salaire est à 141 et le pain à 182 [1].

Ainsi, la hausse des prix des vivres qui se manifestait
dans tous les pays, neutres ou belligérants, pesait lourde-

----

1. *Etudes sur la cherté de la vie*, t. III, p. 167.

ment sur le prolétariat russe. Elle le contraignait à refléchir, tout en le poussant aux actions énergiques.

Toutes les organisations prolétariennes, tous les partis avaient été détruits en Russie, au début de la guerre. La guerre avait semé le trouble dans les esprits. La cherté de la vie, les mauvaises conditions de travail, la durée de la guerre, contribuèrent à réveiller la conscience prolétarienne. Le prolétariat, bien qu'affaibli par les éléments petits-bourgeois qui y étaient entrés en grand nombre, apparut après une année de calme sur la scène sociale, soutenant d'abord des luttes économiques, puis des luttes politiques. La pensée politique s'éveillait en même temps que l'action prolétarienne. Les organisations politiques détruites en 1914 se reconstituaient clandestinement en 1915 ; les ouvriers cherchaient dès lors à s'organiser, à comprendre, à se rendre compte de ce qui se passait. A Pétrograd, dès le début de 1915, l'organisation bolchéviste détruite renaît ; ses militants ouvriers tentent d'éditer un journal illégal, la *Voix Ouvrière*. Ce fut, dit un des collaborateurs de cette feuille, « notre première publication » ; elle définit notre attitude en présence de la guerre ; la classe ouvrière est internationale, y était-il dit, et doit déclarer ·la guerre, une guerre sainte, une guerre civile à la guerre [1] ». Ce petit groupe bolchéviste ne réussit pas, au début de 1915, à amener les ouvriers à engager la lutte. Mais, dès l'été de 1915, les grèves économiques auxquelles participent un grand nombre d'ouvriers se transforment en grèves politiques ; en août et en septembre c'est par dizaines de milliers que les ouvriers participent aux luttes politiques du prolétariat. En 1915, on compte 715 grèves économiques, auxquelles participent 383.587 prolétaires, et 213 grèves politiques avec 155.921 participants ; en 1916, le nombre des grèves éco-

---

1. *Annales rouges*, n° 2-3, p. 117.

nomiques monte à 1.167 avec 776.064 participants et celui des grèves politiques à 243 avec 310.300 grévistes. Il est à noter que toute grève économique se transforme pendant la guerre en grève politique, c'est-à-dire en un duel du prolétariat et de la bourgeoisie naturellement armée de son appareil de domination et d'oppression. La lutte politique s'étendait donc, mais le prolétariat n'avait pas encore conscience de ses fins politiques...

La prolongation de la guerre et de la crise économique accroissait le mécontentement des ouvriers. Pas de mois, en 1916, sans grèves entraînant des dizaines de milliers de grévistes. Mais la formation idéologique du prolétariat était encore très faible. Dans la social-démocratie même, la guerre avait ouvert une crise profonde. On s'était divisé en partisans de la défense nationale et défaitistes internationalistes. Il était dit dans le manifeste publié le 1er novembre 1914 par le Comité Central du Parti Ouvrier Social-Démocrate Russe (bolchéviste) que « la transformation de la guerre impérialiste en guerre civile est le seul mot d'ordre authentiquement prolétarien indiqué par l'expérience de la Commune et la résolution de Bâle et découlant d'ailleurs de toutes les conditions de la guerre impérialiste, qui met aux prises des pays bourgeois d'un haut degré de développement. Si grandes que puissent être à tel ou tel moment les difficultés de cette transformation, les socialistes, une fois la guerre devenue un fait, ne se refuseront jamais au travail préparatoire systématique, continu et obstiné dans ce sens ».

Cette idée était encore loin d'apparaître avec clarté aux éléments du prolétariat russe qui parcipaient au mouvement social-démocrate. La défense nationale avait des partisans parmi les prolétaires, et il en fallut la pratique pour que le prolétariat commençât à comprendre que la guerre se poursuivait dans l'intérêt de la bourgeoisie et que la seule attitude qu'il pût adopter était celle que lui indiquaient les internationalistes. En 1916 la bourgeoisie russe, économiquement fortifiée, ne se sentait pas encore atteinte d'un mal mortel et attendait beaucoup de la guerre, à laquelle elle adaptait l'industrie, non sans tenter d'y intéresser le prolétariat. La campagne d'élections de délégués ouvriers aux Comités des industries de guerre fit connaître aux masses prolétariennes les deux courants idéologiques qui se heurtaient au sein du prolétariat. Ces élections révélèrent au prolétariat sa propre situation. Partout où le prolétariat prêta l'oreille aux partisans de la défense nationale et entra dans les Comités des industries de guerre, il se convainquit bientôt qu'il n'avait rien à y faire, ces comités n'offrant un champ d'action qu'à la bourgeoisie. Les groupes ouvriers des Comités des industries de guerre se trouvèrent constamment surveillés par la gendarmerie [1]. Dans un rapport concernant un comité provincial, la gendarmerie locale relate que les ouvriers qui étaient d'abord, sous l'influence d'une lettre de Plékhanov, entrés dans les Comité des industries de guerre, n'avaient pas tardé à se convaincre de l'inutilité de leur présence dans ces organismes et en étaient sortis.

Le prolétariat fut très lent à comprendre quelles devaient être ses propres voies ; la croissance des aspirations révolutionnaires et le développement de la volonté agissante des masses ouvrières furent beaucoup moins lentes. Ce dernier fait se manifesta par l'extension progressive des grèves au cours des derniers mois de 1916 et au commencement de 1917. Le mécontentement des paysans et des soldats rassemblés en grand nombre dans les casernes crois-

---

1. La gendarmerie remplissait en Russie les fonctions d'une police politique. (*N. du Tr.*).

sait de même. Le mécontentement des fabriques et des campagnes avait son écho dans les casernes. Les cas d'insubordination, d'indiscipline et de désertion devenaient de plus en plus fréquents : le capitalisme, pour développer toute sa puissance, avait concentré dans les casernes de telles masses humaines qu'il lui était impossible de les transformer en matériel de guerre tant soit peu approprié. L'armée se désagrégeait, aussi bien au front qu'à l'arrière. A Samara, lisons-nous dans des mémoires, « le commandant Sandetsky édictait tous les jours des ordres de plus en plus sévères ; mais dans les casernes la discipline allait toujours se relâchant. Sandetsky consignait de plus en plus les soldats, mais les absences illégales se multipliaient. Les officiers perdaient la tête ; les délinquants étaient si nombreux que les fusils manquaient pour les mettre tous au port d'armes. Il était presque impossible de se rendre compte si un homme avait fait ou non sa punition. Les soldats eurent l'intuition de la situation difficile de leurs supérieurs et les infractions au règlement se multiplièrent de toutes parts [1] ».

Le même état d'esprit fut constaté au front par un officier supérieur d'une compétence reconnue, le général Krymov. Le mécontentement de l'armée allait, à son avis, en croissant, si bien qu'on pouvait prévoir le moment où l'armée s'en irait tout simplement, rentrant dans ses foyers. Dès octobre 1915, il avait été signalé au chef du contre-espionnage de l'état-major du front occidental que « les corps d'armée de Sibérie, influencés par la propagande antigouvernementale, se montraient dépourvus d'enthousiasme et peu disposés à participer aux attaques ; de façon générale les officiers étaient, comme les soldats, partisans d'une prompte fin de la guerre quelles que dussent en être

____

1. *La révolution de 1917-18 dans la région de Samara*, t. I, p. 4.

les conditions [1] ». Cet état d'esprit étant donné, on devait s'intéresser aux questions politiques; la censure militaire de la XIIe armée, signala par exemple que « les soldats et les officiers suivaient avec grande attention les événements politiques en Russie et dans la capitale ». Il en résulta un développement de la conscience politique de l'armée et un désir de résoudre les questions politiques par des moyens révolutionnaires. Dybenko relate dans ses *Mémoires* quel fut l'état d'esprit révolutionnaire de la flotte et comment on tenta d'y organiser une insurrection.

Le monde capitaliste entrait dans une période de crise et de décomposition. De nombreuses personnalités bourgeoises s'en rendaient compte. M. Paléologue, ambassadeur de France à St-Pétersbourg, envisageait dès 1915 dans ses mémoires la probabilité d'une révolution en Russie. Le publiciste russe Lehmke raconte dans ses notes (*Deux cents cinquante jours au G. Q. G. du tsar*) avoir entendu le général Alexéiev dire que l'explosion des forces élémentaires et l'effondrement de la Russie bourgeoise approchaient. Le mécontentement gagnait des couches de plus en plus profondes du prolétariat et revêtait des formes politiques de plus en plus nettes. Il était soutenu par la fermentation révolutionnaire des paysans, il avait des échos dans l'armée. L'armée paysanne qui avait réprimé la révolution de 1905 était en train de devenir un des facteurs principaux de la nouvelle révolution. Le mouvement politique amena, en janvier 1917, 228 grèves (162.028 grévistes). En février il y eut, d'après les données officielles, 247.700 grévistes. A vrai dire, tout le mois de février se passa, pour le prolétariat et surtout pour celui de Pétrograd, en grèves politiques et en escarmouches. Le mouvement du prolétariat de Pétrograd qui s'était progressivement développé et for-

---

1. *L'Armée Rouge*, n° 4, p. 421.

tifié entraînait l'armée paysanne ; il balaya, au grand effroi et à la vive indignation de la bourgeoisie nationale, toutes les institutions de l'autocratie nobiliaire et hissa — presque malgré elle — la bourgeoisie au pouvoir.

Les millions de paysans et d'ouvriers répandus pendant les journées de février dans les artères des grandes villes inscrivirent sur leurs drapeaux et posèrent dans la vie les questions mêmes de la révolution de 1905 ; mais les circonstances étaient autres, tant à cause de la guerre qu'en raison de la structure nouvelle du capitalisme russe. Les diverses questions pendantes ne se présentaient pas encore sous la forme d'un programme bien défini, elles étaient dans l'air, mais ni le prolétariat, ni, à plus forte raison, les paysans ne les concevaient encore clairement. N'ayant pas encore d'idée de ses buts, mais sachant que les temps de l'autocratie étaient révolus, le prolétariat, marchant de conserve avec la petite bourgeoisie, renversa, dans les journées de février, le régime impérial.

CHAPITRE III

L'explosion de février-mars 1917 et ses contradictions inté-
rieures.

La révolution ouvrière naquit à la fin de février, à
Pétrograd, des grèves et des manifestation prolétariennes,
et vint frapper un régime déjà bien débilité. Le mouvement
ouvrier, qui se transforma promptement en révolution, s'é-
tait distingué dès ses premières heures par sa ténacité, par
sa fermeté et par la participation des grandes masses du
prolétariat de Pétrograd. Le 23 février, chiffres officiels,
il y avait 87.534 grévistes. Le 25, il y en avait déjà 240.000.
La statistique officielle s'arrêta là.

La tsarine informa Nicolas II, alors au front, du début
de la révolution par une lettre écrite le 24 février à Pétrograd. Les événements, disait-elle, avaient été provoqués par
le manque de pain. Le 25 février, elle définissait encore le
mouvement, devenu une révolution, comme une émeute de
la populace. Le 27 février, nouvelle lettre de la tsarine
sur le même sujet. Le G. Q. G. décidait de résister. Le 27
février, Nicolas II nommait le général Ivanov commandant
militaire de la région de Pétrograd et mettait à sa disposition les meilleures troupes. Mais les forces de ce général
n'arrivèrent pas jusqu'à Pétrograd. Ivanov se convainquit en
chemin de la puissance du mouvement révolutionnaire. Il

réussit avec peine à gagner Tsarskoïé-Sélo [1]. Dans cette petite ville, un bataillon de fusiliers et une division de mitrailleurs marchèrent sur la gare afin d'en déloger ses troupes. Le général n'attendit pas que l'action s'engageât et partit avec ses forces pour Vyritsa. Pendant qu'il voyageait ainsi autour de Pétrograd les dernières autorités de l'ancien régime essayaient dans la capitale de sauver la situation.

Un Conseil de ministres se tenait, le 26 février, au Palais Marie. Que faire en présence de la révolution montante ? Les ministres décidèrent d'entrer en pourparlers avec les représentants de la bourgoisie. Ces derniers — la Douma d'Empire — exigèrent la démission du ministère et la formation d'un cabinet investi de la confiance de la nation. Le grand-duc Michel fut appelé le 27 à Pétrograd, où il engagea des pourparlers avec les leaders de la Douma et les diplomates alliés, l'ambassadeur d'Angleterre en premier lieu). Il assista au Conseil du cabinet du 27 après lequel fut rédigé, avec l'aide des ministres, le télégramme qu'il adressa à Nicolas II. Le ministre de la Guerre et le grand-duc Michel tentaient de communiquer directement au Grand Quartier Général leur sentiment sur la situation à Pétrograd. Nicolas II leur répondit qu'il allait rentrer dans la capitale afin d'y prendre les décisions nécessaires. La tentative du grand-duc et de la bourgeoisie de faire céder l'autocrate échouait.

Le grand-duc Michel participait cependant activement à l'organisation de la résistance. Il négociait avec l'ambassadeur d'Angleterre M. Buchanan, et cherchait à se rendre compte de l'attitude de la Grande-Bretagne à l'égard de la transformation de la Russie en monarchie constitutionnelle.

---

1. Petite ville et résidence impériale à 23 kilom. de la capitale. Aujourd'hui Dietskoïé-Sélo. (*N. du Tr.*).

Les ambassadeurs de France et d'Angleterre se montrèrent d'ailleurs très actifs dans les dernières minutes de l'Empire. Ils reçurent des envoyés de M. Rodzianko [1]. Au front les représentants militaires de la France et de la Grande-Bretagne s'efforçaient de pousser Nicolas II dans la voie des concessions et de la monarchie constitutionnelle. Ils se chargèrent, après l'abdication, de la protection de la dynastie déchue. Le général anglais Williams se rendit le 1ᵉʳ mai chez Nicolas II, porteur d'une lettre dans laquelle il indiquait au tsar que l'heure était venue « d'appeler le peuple à aider le souverain dans l'accomplissement de ses lourdes tâches ». L'ambassadeur de France, M. Paléologue, négociait le 26 février avec le leader du parti cadet [2] Maklakov. Pour les ambassadeurs de France et de Grande-Bretagne le grand problème était celui de la guerre. Les 26 et 27 février, ils se rendirent plusieurs fois chez le ministre des Affaires étrangères Pokrovsky. Le 27 février M. Paléologue lui dit : « Le représentant d'un pays allié a bien le droit, en des circonstances aussi sérieuses, de donner au gouvernement impérial un avis concernant la politique intérieure ». Ce conseil du représentant d'une bourgeoisie étrangère aux représentants de la bourgeoisie russe c'était celui d'établir, par un accord entre l'autocrate et la bourgeoisie, la monarchie constitutionnelle. Mais la monarchie impériale renversée et l'accord entre l'autocratie et la bourgeoisie échouant en dépit des efforts des représentants de la France et de l'Angleterre, les deux ambassadeurs s'employèrent de leur mieux à soutenir et affermir la bourgeoisie. Ils témoignèrent de la plus grande sollicitude

----

1. M. Rodzianko, président de la IVᵉ Douma, richissime propriétaire foncier, était le leader reconnu de la bourgeoisie libérale. (*N. du Tr.*).

2. Cadet vient de K. D., initiales russes de « constitutionnel-démocrate », nom que portait le parti de la bourgeoisie libérale. (*N. du Tr.*).

à l'égard de Nicolas II, ils accueillirent avec enthousiasme la nomination du grand-duc Nicolas Nicolaïévitch au commandement suprême. C'était là pour eux un gage de succès, l'indice du passage de l'armée à la bourgeoisie. Aussitôt après la formation du Gouvernement Provisoire, les ambassadeurs de France et d'Angleterre négocient avec Milioukov devenu ministre des Affaires étrangères. Ils insistent, M. Buchanan le relate dans ses mémoires, sur le maintien du grand-duc Nicolas Nicolaïévitch à la tête de l'armée. C'était à leurs yeux l'homme « le plus capable de tenir l'armée en mains ». Ils considèrent comme leur devoir le plus pressant de soutenir le Gouvernement Provisoire dans sa lutte contre les Soviets. Les bourgeoisies de France et d'Angleterre devaient soutenir le Gouvernement Provisoire afin de continuer la guerre ; la bourgeoisie russe aspirait comme elles à terminer les hostilités par une victoire, de sorte que le maintien des alliances ne lui était pas moins nécessaire. Aussi les exigences de Buchanan et de Paléologue ne rencontrèrent-elles aucune résistance. Le 4 mars nouveau style (17 mars vieux style) [1] un entretien avait lieu entre Paléologue et Milioukov ; ce dernier promettait catégoriquement que la Russie continuerait la guerre jusqu'au bout. L'ambassadeur de France exigeait que le Gouvernement Provisoire ne tardât plus à affirmer sa volonté de continuer la guerre et sa fidélité aux alliés. M. Milioukov l'assura que « toutes les garanties désirables seraient données aux Alliés ».

La bourgeoisie russe, aux prises avec l'autocratie nobiliaire et féodale, avait toujours surveillé les quartiers ouvriers et n'avait jamais manqué de s'unir à la monarchie

---

1. Le calendrier julien, en vigueur en Russie sous l'ancien régime, retardait de treize jours (vieux style) sur le calendrier grégorien en vigueur en Occident (nouveau style) et qui fut introduit en Russie le 1ᵉʳ février 1918.

impériale dès que le mouvement ouvrier devenait menaçant. Pendant la révolution de février, le mouvement des masses né dans les quartiers ouvriers de Pétrograd gagna l'armée et entraîna la bourgeoisie russe. Celle-ci, représentée par ses dirigeants, dès qu'elle se vit en présence d'un mouvement de masses, s'efforça de l'enrayer, de le réprimer, de l'anéantir, de s'entendre à l'insu des ouvriers et des paysans avec l'autocratie et de prendre le pouvoir. Mais la monarchie des Romanov croulait. Elle n'avait plus la force d'agir ou de négocier. La bourgeoisie se trouva seule face à face avec la révolution. N'ayant pas su s'entendre avec l'autocratie ou n'en ayant pas eu le temps, elle ne pensa plus qu'à garder le pouvoir. Elle consentit, sous l'empire des circonstances, diverses concessions dans l'espoir de conserver le pouvoir, de ne sacrifier que des formes politiques et de gagner du temps pour rétablir par la suite les institutions momentanément sacrifiées.

« La proclamation de l'avènement au trône du grand-duc Michel Alexandrovitch, téléphonaient au général Roussky M. Rodzianko, président de la Douma, et M. Lvov, futur président du Gouvernement Provisoire, ne fera que verser de l'huile sur le feu et provoquer le massacre impitoyable de tout ce qu'on peut massacrer. Nous perdrons tout pouvoir, personne ne pourra réprimer le mouvement populaire. Dans la formule de retour de la dynastie que nous proposons, il n'est pas exclu, il est même à souhaiter que le Conseil Suprême et le Gouvernement Provisoire actuels restent en fonction jusqu'à la fin de la guerre. Je suis convaincu que l'effervescence pourra rapidement se calmer dans ces conditions et qu'une victoire décisive nous sera assurée [1] ». La bourgeoisie entraînée par les événements ne songeait qu'à garder le pouvoir et à réprimer la révolution. C'est

____

1. *Archives de la Révolution Russe*, t. III, p. 266.

à cette fin qu'elle créa son appareil gouvernemental, le Comité Provisoire de la Douma, qui déploya sur l'heure une grande activité, groupant et rassemblant les forces de la bourgeoisie, appelant à Pétrograd le général Kornilov nécessaire au rétablissement de l'ordre, engageant, contre le Soviet de Députés Ouvriers et Soldats, la lutte pour le pouvoir et l'influence.

Le mouvement spontané des masses n'avait pas de centre organisateur, dirigeant. Entre l'organisation qui surgissait à Pétrograd pendant les combats de rues et les masses faisant la révolution toute liaison fit défaut au premier moment. La révolution embrassait déjà la ville entière que le centre d'organisation naissant, dépourvu de ressources et de forces, ne savait pas encore ce qui se passait. Le prolétariat et la petite bourgeoisie qui le suivait — la masse des soldats — faisaient la révolution. Le Bureau du Comité central et le Comité pétersbourgeois des bolchéviks y participaient dès le premier moment. Les bolchéviks marchaient avec les masses et s'efforçaient de les diriger. Leur tactique consistait en ces journées à élargir le mouvement, embrasser et conquérir l'armée pour le duel suprême avec l'autocratie. Chliapnikov relate dans ses mémoires qu'il combattit opiniâtrément au Bureau du Comité Central les velléités insurrectionnelles, insistant sur la nécessité de conquérir pacifiquement l'armée, recommandant d'organiser des meetings à proximité des casernes et d'y attirer les soldats. Il en fut ainsi à Pétrograd et ailleurs : le prolétariat fut partout en tête de la révolution de février. La force des masses n'était pas encore organisée. Les masses ne concevaient pas encore clairement les moyens appropriés à la poursuite de leurs fins.

Le Comité Exécutif du Soviet se forma presque à la même heure que le Comité Provisoire de la Douma d'Etat,

le 27 février. Il comprit s'il faut en croire Soukhanov [1] :
Kérensky, Skobélev, Tchéidzé, Gvozdiev, Griniévitch, Pan-
kov, Sokolov, Soukhanov, Kapélinsky, Sokolovsky, Chatrov,
Stéklov, Zaloutsky [2], Pavlovitch-Krassikov [2], Chliapnikov [2],
Alexandrovitch-Dmitrievsky, et, en qualité de délégués des
partis : Molotov (bolchévik), Erlich et Raffés (du *Bund*
juif), Bogdanov et Batoursky (menchéviks), Bramson et,
au début, Tchaïkovsky, puis Stankévitch (travaillistes),
Roussanov et Zenzinov (socialistes - révolutionnaires),
Piéchékhonov et Tcharnolousky (socialistes populaires),
Iouriéniev (organisation social-démocrate des rayons),
Stoutchka [3] (social - démocratie lettonne), Kozlovsky [3]
(social-démocratie polonaise). Les menchéviks, les socialistes-révolutionnaires, les socialistes populaires et les
travaillistes, c'est-à-dire les groupes qui ne concevaient et
ne comprenaient la révolution russe que comme une révolution bourgeoise, avaient donc au Comité Exécutif du Soviet une forte majorité ; les bolchéviks n'y avaient que 4
représentants. Cette composition du Comité Exécutif détermina sa tactique. Le Comité ne songea pas à étendre et
à développer la révolution comme le préconisaient les bolchéviks dans leur manifeste du 26 avril mais chercha les
moyens de la tourner, d'en éluder les questions brûlantes
susceptibles de mettre brutalement face à face le prolétariat
et la bourgeoisie. Le Soviet (Conseil) de Députés Ouvriers,
formé par les masses, devait exprimer leur volonté révolutionnaire. Mais les masses ne concevant pas encore le programme social de la révolution portaient tous leurs coups
à l'autocratie nobiliaire et féodale sur laquelle se consa-

---

1. Soukhanov, menchévik, participe aux travaux du premier
Soviet de Pétrograd en 1917; auteur de *Mémoires* très détaillés.
(*N. du Tr.*).
2. Bolchéviks. (*N. du Tr.*).
3. Sympathisait avec les bolchéviks. (*N. du Tr.*).

crait leur attention, ce qui permettait aux représentants de la théorie de la révolution bourgeoise, partisans, eux aussi, du renversement de l'autocratie féodale et nobiliaire, d'assumer le rôle de porte-parole du mouvement révolutionnaire. Cette contradiction entre les aspirations des masses et leurs porte-parole, ne devait apparaître que plus tard dans le courant de l'année 1917, de même que la contradiction entre les aspirations des prolétaires et des paysans et celle de la bourgeoisie.

La lutte entre le Comité Exécutif du Soviet et le Comité provisoire de la Douma s'engagea autour de l'armée. La bourgeoisie avait besoin, tant pour atteindre ses fins en politique extérieure que pour s'affermir au pouvoir, d'une armée intacte. Mais si la majorité du Comité Exécutif la suivait en politique étrangère, cette majorité s'opposait en politique intérieure aux tentatives de réaliser un compromis avec l'autocratie effondrée et de réprimer la révolution. La lutte qui prit fin, plus tard, par un accord entre les adeptes de « deux étapes » de la révolution bourgeoise s'engagea en février au moment des pourparlers entre le Soviet et le Gouvernement Provisoire. Soukhanov le relate dans ses mémoires, Stéklov en informa en mars la conférence des Soviets. Trois questions furent discutées au cours de ces pourparlers : celles qui, précisément, exprimaient le mieux les vœux et les espérances de la bourgeoisie. La bourgeoisie ne voulait rien préjuger des formes du gouvernement [1] ; les pourparlers de Rodzianko et de Lvov nous ont déjà éclairés sur ce point. La bourgeoisie s'opposait aux réformes dans l'armée ; elle entendait maintenir l'ancienne discipline. L'autonomie intérieure de l'armée préconisée par les délégués du Soviet se heurtait à une forte

---

1. République ou monarchie constitutionnelle. Ainsi se posait à ce moment la question. (*N. du Tr.*).

opposition, et le grand leader de la bourgeoisie, Milioukov, rédigea même un paragraphe de la déclaration commune, ainsi conçu : « L'ancienne discipline militaire maintenue dans les rangs et en temps de service, toutes les restrictions des droits civiques des soldats sont abolies ».

Le Comité provisoire de la Douma s'efforçait avec persévérance de s'affermir ; à cet effet, il ne laissait échapper aucune occasion d'agir. Il s'occupa notamment, et de façon touchante, du sort de l'ex-empereur. Mais la force chaotique des masses qui venait de renverser la monarchie trois fois séculaires des Romanov, cette force sociale encore mal organisée, qui n'avait encore que des perceptions et des mots d'ordre imprécis, que les partisans de la révolution bourgeoise représentaient mal au Soviet, était cependant sur ses gardes, exigeant sans cesse la satisfaction d'un minimum de revendications politiques clair et précis aux yeux des prolétaires et des paysans.

Le manque d'organisation, le manque d'un programme de lutte de classe que les masses prolétariennes eussent pu comprendre ne permettait pas aux ouvriers d'envisager nettement en février la prise du pouvoir. Abandonnant de son plein gré le pouvoir à la bourgeoisie, le prolétariat était cependant amené par la force des choses à définir son programme de classe. Dès février toutes les conditions de la prise du pouvoir étaient pour lui, réalisées ; et, laissant la bourgeoisie gouverner, il avait créé, à côte des organisations bourgeoises du pouvoir, les Soviets des Députés ouvriers, organes du pouvoir prolétarien.

Lénine fut le premier à indiquer dans ses *Lettres de loin*, dans son article sur *la dualité des pouvoirs*, dans ses *Thèses d'avril*, le sens et la portée de la révolution de février, dont il donna une appréciation générale. Il la considérait comme une révolution bourgeoise, la définissant ainsi d'après le caractère social de la transmission du pouvoir d'une classe à une autre. Le pouvoir passe en février des mains de l'autocratie féodale et nobiliaire à la bourgeoisie. La révolution s'accomplit d'ailleurs avec le consentement et le concours même des bourgeoisies de France et d'Angleterre. Sous la pression de forces révolutionnaires grandissantes, les bourgeoisies russe et franco-anglaise croyaient réserver l'avenir sur leur point faible, dans le secteur le moins fortifié de leur front, dans celui où la transformation de la guerre impérialiste en guerre civile devenait évidente. Lénine indiqua, dans un article intitulé « Les tâches du prolétariat dans notre révolution », que la révolution de février, naissant du rapport des forces sociales en présence et de l'aggravation de situation provoquée par la guerre impérialiste, marquait le commencement de la transformation de celle-ci en guerre civile. La chaîne de l'impérialisme se rompait pour la première fois à son point faible. Lénine disait : « La révolution de février a été le commencement de la transformation de la guerre impérialiste en guerre civile. Elle a fait le premier pas vers la fin de la guerre, qui ne peut être assurée que par une autre action, à savoir par le passage du pouvoir au prolétariat. Ce sera le commencement de la percée du front universel capitaliste, et ce n'est qu'en trouant ce front que le prolétariat pourra soustraire l'humanité aux horreurs de la guerre et lui assurer une paix durable et solide ». La révolution de février avait été une révolution bourgeoise faite par les prolétaires et les paysans, malgré la bourgeoisie. Cette dernière ayant reçu le pouvoir avait adopté une attitude contre-révolutionnaire. De là les formes et le caractère particulier de la révolution. Les prolétaires et les paysans y formaient leurs propres organisations, préparant la transformation de la révolution bourgeoise en révolution socialiste prolétarienne. A côté du Gouvernement Provisoire, dictature de la bourgeoisie, se formaient les soviets, organes de la dictature révolutionnaire démocratique des prolétaires et des paysans. C'était là le trait le plus caractéristique du moment.

Il y avait des soviets à côté du gouvernement bourgeois. « La révolution de février, écrivait Lénine, est allée plus loin que les révolutions bourgeoises démocratiques ne vont d'habitude, mais n'est pas encore arrivée à la dictature du prolétariat et des paysans, sous une forme pure ». L'aspect particulier du problème du pouvoir et du rôle international de la révolution de février assignait au prolétariat russe de nouvelles tâches. La dictature révolutionnaire démocratique était réalisée. Le prolétariat devait aller plus loin. Lénine détermina les tâches nouvelles de la classe ouvrière et du parti dans ses *Thèses* d'avril publiées dès le lendemain de son retour en Russie, le 4 avril, et adoptées à la conférence d'avril du parti bolchéviste. Le problème essentiel de la révolution, disait-il, était celui du pouvoir. Le prolétariat, affirmait-il, doit combattre pour une république des Soviets. Et, pour l'obtenir de haute lutte, il faut opposer à la bourgeoisie et à son gouvernement provisoire le prolétariat et ses soviets. Il faut organiser la petite bourgoisie, les paysans, il faut les soustraire à l'influence de la collaboration des classes, les entraîner. La tâche se réduisait à l'organisation d'une majorité révolutionnaire susceptible de prendre le pouvoir par les soviets. Lénine préconisa la répudiation de toute solidarité avec le Gouvernement Provisoire, contre lequel il fallait dresser nettement le prolétariat et le paysan.

Cette appréciation de la révolution de février et les déductions pratiques qu'il en tirait se heurtèrent à l'opposition de Kaménev et d'un groupe de militants bolchévistes. Kaménev considérait la révolution de février comme une révolution bourgeoise inachevée. Il ne la considérait pas comme caractérisée par la transmission du pouvoir d'une classe à une autre, mais par la réalisation d'un programme défini. Dès lors, considérant la révolution de février comme une révolution bourgeoise inachevée, Kaménev et ses camarades repoussaient la tactique de Lénine et les desseins stratégiques exposés dans les thèses d'avril. Répondant à celles-ci, Kaménev publia le 8 avril 1917, dans la *Pravda* un article soulignant le caractère inacceptable, à son avis, des vues de Lénine. « Si, écrivait-il, nous avons déjà achevé en Russie la révolution démocratique et si nous sommes entrés, sous l'influence de la guerre impérialiste, dans la voie du socialisme, il devient vraiment absurde d'exiger du gouvernement des mesures tendant à la paix. Il est absurde de parler d'Assemblée constituante, absurde de songer à une république parlementaire. Le camarade Lénine, du reste, ne voulant rien changer à sa logique ne pense à ces choses, s'il y pense, que pour les nier. Il ne s'agit pas de présenter des revendications au gouvernement mais de le démasquer, il ne s'agit pas d'une république parlementaire, mais des soviets, etc. ».

Que fallait-il faire ? Il fallait, écrivait et soulignait Lénine, préparer résolument la chute du capitalisme par des actions habiles et progressives. Ces actions s'imposaient, c'était évident. Mais des actions tendant au socialisme et à la subversion du capital, seuls les ouvriers pouvaient les entreprendre et ils se rendaient compte qu'elles ne seraient pas possible au cours d'une révolution démocratique inachevée dans le pays de l'Europe le plus arriéré au point de vue économique, à un moment où les campagnes n'avaient pas encore liquidé le servage. La situation ainsi conçue n'était guère favorable à la marche au socialisme. Pensant que la révolution bourgeoise démocratique n'était pas achevée, Kaménev considérait la démocratie bourgeoise comme n'ayant pas encore épuisé sa mission. D'où cette conclusion que les soviets, bloc des forces petites-bourgeoises et prolétariennes, avaient pour tâche d'achever la révolution bourgeoise démocratique. Kaménev formulait sur le bloc des ouvriers et des paysans et la mission de ce bloc dans les révolutions bourgeoise et prolétarienne une appréciation erronée. Le bloc des paysans et des prolétaires existe dans la révolution bourgeoise, pensait-il, mais la révolution bourgeoise n'est terminée et la révolution socialiste ne commence que lorsque le prolétariat se sépare de la petite bourgeoisie et poursuit lui-même ses fins de classe. Ainsi, d'après Kaménev, le caractère inachevé de la révolution bourgeoise démocratique permettait au bloc des prolétaires et des paysans de durer et devait séparer ce bloc du gouvernement provisoire. A cette fin, il fallait, toujours suivant Kaménev, que les soviets exerçassent un contrôle sur le Gouvernement Provisoire. Cette tactique n'aboutissait pas à divulguer les antagonismes de classe, à opposer le prolétariat et les paysans à la bourgeoisie, mais à faire soutenir celle-ci par le prolétariat. Les vues de Kaménev, exposées à la conférence d'avril se heurtèrent à la résistance énergique de Lénine. Kaménev passait, disait Lénine, sur les positions de Tchéidzé et des menchéviks. La majorité de la conférence d'avril repousse les idées de Kaménev.

Lénine et le parti durent aussi défendre leur appréciation de la révolution de février contre celle que donnait Trotsky dans ses œuvres. Trotsky [1] avait écrit sur la révolution de février plusieurs articles publiés en divers endroits à l'étranger. Il y reproduisait ses anciennes appréciations de la révolution de 1905. Il comparait la révolution de 1917 à celle de 1905. Le cours de l'une était analogue à celle de l'autre. « Les rues de Pétrograd se sont de nouveau mises à parler la langue de 1905, écrivait Trotsky. Comme

---

1. Alors en Amérique. (*N. du Tr.*)

alors, pendant la guerre russo-japonaise, les ouvriers exigent du pain, la paix et la liberté. Comme alors les tramways s'immobilisent, les journaux ne paraissent plus. Et comme alors, on ne voit dans les rues de la capitale que ces deux forces : les ouvriers et les troupes du tsar ». Comme en 1905, Trotsky niait le rôle politique et la signification de la petite bourgeoisie. « Où est en Russie la petite bourgeoisie ? Son rôle économique est insignifiant ». Comme en 1905, Trotsky formulait le mot d'ordre de la prise du pouvoir par les ouvriers. Lénine, tenant compte du rôle de la petite bourgeoisie, soulignait la nécessité d'affermir le bloc du prolétariat et des paysans. Trotsky parlait de la conquête de la petite bourgeoisie par le prolétariat appelé à prendre seul le pouvoir. Lénine, étudiant ces idées de Trotsky en 1917, écrivait qu'elles impliquaient le danger de tenter un saut par-dessus le mouvement paysan qui n'avait pas encore vécu et de tomber ainsi dans le subjectivisme : « Ne sommes-nous pas menacés de tomber dans le subjectivisme, dans le désir de sauter par-dessus le mouvement paysan qui n'a pas encore vécu, qui n'a pas encore accompli sa mission ? Si je disais : *pas de tsar, un gouvernement ouvrier*, nous courrions ce risque ». C'est ainsi que Lénine dut défendre ses desseins stratégiques au sein du parti et combattre à la même heure les desseins stratégiques, depuis longtemps répudiés par l'histoire, formulés par Trotsky. Les desseins stratégiques de Lénine furent adoptés par la conférence d'avril du parti bolchéviste et devaient être réalisés plus tard par le prolétariat et les masses paysannes.

CHAPITRE IV

Les contradictions internes de la révolution de février-mars se
révèlent : les classes sociales et la lutte pour le pouvoir.

La révolution de février, nous l'avons dit, était en
proie à de profondes contradictions : la force sociale dont
la révolution était l'œuvre avait porté au pouvoir un gouvernement qui se donnait pour tâche essentielle de combattre
et réduire la révolution : les ouvriers et les masses de sol-
dats-paysans conduits par les ouvriers posaient, par l'action
révolutionnaire, les questions de la guerre, de la terre, du
pain, tandis que la bourgeoisie au pouvoir ne pensait qu'à
sauvegarder la structure de l'ancienne Russie, à rétablir
« l'ordre » et tirer parti des ouvriers et des paysans pour
ses propres buts. Les ouvriers et les soldats attendaient et
désiraient une politique étrangère et intérieure active, tandis
que le Gouvernement Provisoire appelait, dès le début de
la révolution, le général Kornilov à Pétrograd et s'efforçait
de conserver et d'affermir par tous les moyens la structure
bourgeoise et seigneuriale de l'ancienne Russie.

Ce fut dans ce système de contradictions que se débat-
tirent désespérément les menchéviks et les socialistes-révolutionnaires : les ouvriers et les paysans s'en dégagèrent
eux-mêmes avec peine. Dès les premiers jours de la révolution de février, cette contradiction devint manifeste. Diverses questions se posèrent catégoriquement et, tout d'a-

bord, celle de la guerre. « Des soldats venaient à la rédaction. Ils étaient radieux. Ils venaient parce qu'ils avaient besoin de causer. On les recevait affectueusement, avec confiance. Cette armée était la nôtre. Ils parlaient de la guerre. « Pas de paix à tout prix, mais il est temps d'en finir ». Ce n'était pas une décision, c'était un problème que posait la conscience populaire. Des membres du comité (militaire) venaient aussi : c'était des gens de la gauche, du centre, de la droite... « On est en guerre, que faire ? La guerre jusqu'à la victoire finale ». Tous étaient de cet avis. Et je me perdais, plus désorienté qu'en 1914-15 à une époque où le problème était pourtant plus ardu. Je me perdais en présence de l'unanimité des industriels, des libéraux et des socialistes [1] ».

Ces lignes étaient écrites à Novorossiisk, mais il en était partout ainsi, même à Pétrograd, même au Comité Exécutif Central des Soviets. Les contradictions entre les intérêts de la bourgeoisie au pouvoir et ceux des ouvriers et des paysans surgissaient à chaque instant, à chaque pas. La grave crise économique provoquée, nourrie et sans cesse aggravée par la guerre en formait le fond.

La ruine économique et la rupture entre l'industrie et l'agriculture, phénomènes qui avaient commencé dès le début de la guerre, se firent surtout sentir âprement en 1917. Le gaspillage de forces productrices qu'était la guerre commençait à porter ses fruits. La rupture de relations entre la ville et la campagne — entre les centres industriels et les marchés de matières premières et de vivres — nous apparaît le mieux dans la ruine des transports. La guerre imposait aux chemins de fer une activité formidable. Le capital constant des réseaux — voies, locomotives, wagons — s'usait plus vite qu'il ne se reconstituait et il en résultait

---

1. LUNDBERG : *Journal d'un écrivain*, Berlin, p. 39.

tout d'abord un ralentissement des transports par tout le pays. Voici des chiffres. En 1916, 38.000 wagons étaient déplacés en 24 heures ; en 1917, le déplacement n'était plus que de 27.635 wagons, soit une diminution de 28,7 %. Le déplacement d'une locomotive en 24 heures diminua dans le même laps de temps de 17.51 %, passant de 91 verstes en 1916 à 75 verstes en 1917. Le spectre de la famine se dressa sur les centres industriels. La *Rabotchaïa Gazéta* (*Gazette Ouvrière*), organe central menchéviste, publia en octobre 1917, sans bien se rendre compte de ce qu'elle faisait, des statistiques concernant l'exécution des commandes des farines et des blés en 1917. En voici quelques chiffres :

Rapport entre les commandes et les chargements

Année 1917	Pour l'armée	Pour la population civile
Janvier	54,4	0,2
Février	45,9	29,6
Mars	50,4	41,4
Avril	36,4	24,7
Mai	61,4	56,9
Juin	53,2	34,3
Juillet	32	26,1
Août 1-15	18,4	—
Août 16-31	31	32,7
Septembre 1-15	26,2	—

Ce tableau dévoile la faillite complète de la politique des menchéviks, incapables de prendre des mesures énergiques contre la ruine ; il montre la situation objective, il montre la baisse constante du pourcentage des chargements et, par conséquent, de la quantité de vivres mise à la disposition de l'armée et de la population. Les chiffres cités par le ministre des transports, Oustrougov, en séance du Conseil économique du Gouvernement Provisoire firent la même démonstration.

En juin 1917, Pétrograd reçoit 5.052 wagons de farine ; le mois suivant, il n'en reçoit que 1.959. Les approvisionnements diminuaient ; le prix du pain et des produits alimentaires montait parallèlement. En janvier 1917, le prix de la livre de pain accusait par rapport au prix d'avant-guerre une augmentation de 200 % ; en juillet, l'augmentation était de 333 % : le chômage augmentait aussi. D'après des données, très incomplètes d'ailleurs, produites par Milioutine [1] le nombre de chômeurs évolua comme suit :

Mars	1917, fermeture de 43 entreprises, avec 6.646 ouvriers					
Avril	—	—	55	—	— 2.816	—
Mai	—	—	103	—	— 8.701	—
Juin	—	—	125	—	— 38.455	—
Juillet	—	—	206	—	— 47.759	—

Le sabotage conscient du patronat, l'usure des machines et de l'outillage confondaient ici leurs effets. L'armée des sans-travail grandissait dans cette atmosphère de crise économique. De graves questions économiques se posaient au prolétariat, exigeant impérieusement une solution. Le Gouvernement Provisoire, gouvernement bourgeois attaché au char d'assaut du capitalisme mondial, ne pouvait jouer qu'un rôle « protecteur ».

Le Gouvernement Provisoire, quelle que fût sa composition, eut pendant toute l'année 1917, en politique étrangère, une attitude invariable : il voulut continuer la guerre à tout prix jusqu'à la victoire, jusqu'au triomphe des intérêts et des revendications de la bourgeoisie russe. Le premier Gouvernement Provisoire le disait sans ambages, simplement et nettement, comme s'exprime parfois la bourgeoisie qui ne sait pas toujours dissimuler ses appétits sous des finesses diplomatiques : le ministère suivant, comprenant déjà des otages de la démocratie et des représentants des soviets le disait encore, mais avec une foule de phrases

---

1. Milioutine : *Le développement économique actuel de Russie et la dictature du prolétariat*, p. 16.

sonores sur la paix du monde. A partir des premières heures de la révolution de février, à partir du moment où les prolétaires et les paysans avaient balayé l'autocratie et où la bourgeoisie s'était emparée du pouvoir, la bourgeoisie avait adopté en matière de politique étrangère une attitude bien déterminée : guerre jusqu'au bout, guerre à tout prix, guerre aux côtés de nos glorieux alliés. Le 4/17 mars, Milioukov déclarait dans un télégramme aux représentants diplomatiques de la Russie à l'étranger que la Russie s'acquitterait « avec un invariable respect des obligations internationales assumées par le régime déchu et demeurerait fidèle à ses engagements ». « La Russie se battra jusqu'au bout contre l'ennemi commun, inflexiblement et inlassablement ». Cette attitude, Milioukov la défendit avec ardeur et s'en inspira sans cesse dans sa politique aux Affaires étrangères. Son successeur, un autre représentant de la bourgeoisie, fit de même. Milioukov fut chassé du Gouvernement Provisoire par les prolétaires et les paysans ; mais ceux-ci n'écartant qu'une personnalité, laissèrent la bourgeoisie continuer la politique étrangère qui les indignait et qu'ils entendaient empêcher. Le successeur de Milioukov, Térechtchenko, travailla tout aussi inflexiblement, ardemment, opiniâtrement à continuer la guerre jusqu'à la victoire finale. La bourgeoisie russe comprenait très bien que la victoire finale avait pour elle une signification différente de celle que lui prêtaient les bourgeoisies française et anglaise. Elle entendait continuer la guerre avec ses « glorieux alliés » mais, avant la révolution déjà, elle craignait que ces derniers ne lui arrachassent le plus gros de son butin. Sa situation fut aggravée par la révolution. Le prolétariat et les masses paysannes l'assaillirent et voulurent sortir de la guerre, tandis que le Gouvernement Provisoire s'efforçait de contraindre les prolétaires et les paysans à se battre dans l'intérêt des classes riches. Le Gouvernement Provisoire devait donc, à la fois, obliger les travailleurs russes à se battre et à défendre ses buts de guerre contre les bourgeoisies française et anglaise. Attachée à celles-ci par les chaînes sanglantes de la guerre, la bourgeoisie russe luttait sourdement avec elles, et cette lutte qui se déroula pendant toute la guerre continua en 1917, lors même que le prolétariat et les paysans menacèrent la bourgeoisie russe d'une complète défaite. Le 24 mai (6 juin), le ministre des Affaires étrangères Térechtchenko adressait à l'ambassadeur de Russie à Londres le télégramme suivant : « Le gouvernement anglais consentant en principe à l'examen des buts de guerre, nous considérons qu'il n'est pas de notre intérêt de provoquer en ce moment des conversations entre alliés sur ce sujet. Le moment d'engager ces conversations viendra quand les efforts du Gouvernement Provisoire tendant à rétablir la situation au front auront été couronnés de succès ». Ce télégramme est significatif. Il relève quels rapports existaient entre la bourgeoisie russe et les bourgeoisies française et anglaise. Il relève les espérances que la première fondait sur ses armes. Il nous explique enfin pourquoi la bourgeoisie russe mettait tant d'ardeur à continuer et à rallumer la guerre. Ses buts de classe, ses intérêts de classe étaient en jeu dans une lutte qui la mettait aux prises non seulement avec la coalition austro-allemande, mais aussi avec la France et l'Angleterre bourgeoises. La bourgeoisie russe n'était pas seule, il est vrai, dans cette lutte. Les socialistes de défense nationale la soutenaient avec zèle.

Le ministre socialiste révolutionnaire de la Guerre et de la Marine Kérensky était le premier et le plus diligent de ses esrviteurs. Tous les efforts de Kérensky tendaient à rallumer la guerre, à engager l'armée en de grandes offensives et à créer ainsi une situation dans laquelle il aurait été permis à la bourgoisie russe de parler haut et ferme d'une part aux prolétaires et aux paysans, de l'autre à la bourgeoisie française et anglaise. Il s'agissait d'assurer à la bourgeoisie russe le butin de guerre que les Alliés lui disputaient sourdement. Soucieux de ses propres intérêts de classe, mais pressé par les ordres de Paris et de Londres, il se hâta donc d'engager les armées russes dans l'offensive pour terminer victorieusement la guerre. Les menchéviks et les socialistes-révolutionnaires l'aidèrent. Considérant que la révolution en cours était une révolution bourgeoise et que toute évolution plus poussée serait fatale à la Russie, ils s'opposaient depuis le début des événements à la continuation de la révolution, la freinaient, tentaient de soutenir la bourgeoisie et de retenir les ouvriers et les paysans dans les limites de la révolution de février.

L'aggravation constante de la crise économique les obligeait à envisager l'organisation de la production et de la distribution. La nécessité d'une régularisation apparaissait à tout le monde. La bourgeoisie s'en rendit compte comme le prolétariat, mais songea à d'autres solutions. Elle déclara ne vouloir admettre aucune intrusion dans ses affaires, aucun amoindrissement de ses droits. Les industriels tinrent dans les premiers jours de juin une conférence à Pétrograd. Ils déclarèrent que « tout régime différent du capitalisme était impossible en Russie » ; aussi la régularisation de la vie industrielle devait-elle demeurer entièrement aux mains de la bourgeoisie, du patronat ; tout attentat à ce principe et au droit de la bourgeoisie, le contrôle ouvrier de la production par exemple, ne pouvant qu'amener « les entreprises à leur perte » et devant être « immédiatement empêché comme contraire aux intérêts de la population du pays tout entier [1] ».

À la même heure, le prolétariat exigeait, simultanément en diverses conférences des Comités de fabriques et

---

1. *Birjévyé Viédomosti (Gazette de la Bourse)*, 3 juin 1917.

d'usines, à Pétrograd et Moscou, le contrôle ouvrier, mesure qu'il considérait comme urgente et impérieusement nécessaire. Des antagonismes de classe apparaissaient ainsi sous une forme aiguë, très nette. La bourgeoisie se cramponnait à ses privilèges et à son hégémonie sociale, attaqués par le prolétariat. Tout en prenant les mesures propres au maintien de sa domination, elle considérait avec effroi les perspectives que lui ouvrait la révolution. Parlant en mai au congrès des Comités des Industries de Guerre, M. Goutchkov, cédant à la poussée révolutionnaire déclarait : « L'industrie russe est disposée à se priver des bénéfices exagérés et même de tout bénéfice ». L'industrie russe était disposée à des sacrifices temporaires pourvu que la propriété privée fût maintenue. M. Goutchkov continuait : « Le transfert mécanique du capital, ou, comme on dit, la nationalisation et la socialisation, constituerait une expérience qui ne fut jamais tentée nulle part et qui risquerait de saper la base même de la haute industrie [1] ». Les menchéviks et les s.-r. s'agitaient entre ces deux forces ennemies, cherchant à convaincre les uns et les autres, et à démontrer aux ouvriers que le Gouvernement Provisoire était un gouvernement de travailleurs. Les partisans de la collaboration des classes faisaient, une fois de plus, front contre les ouvriers.

Pendant que siégeait à Pétrograd la conférence des industriels déclarant crime contre l'Etat tout attentat aux droits du patronat, l'organe des menchéviks, la *Rabotchaïa Gazéta,* publiait un article intitulé « Comment les adeptes de Lénine combattent la ruine », où l'on trouve ces lignes : « Le Gouvernement Provisoire au sein duquel la bourgeoisie a la majorité peut-il se mettre en travers de notre chemin ? Nous pouvons régulariser toute la vie économique et nous

---

1. Je cite d'après Tsipérovitch, *Les Syndicats et les Trusts en Russie.*

le pouvons sous le gouvernement actuel, car toutes les classes de la population y sont intéressées ; nous le pouvons dans l'intérêt des masses laborieuses des paysans et des ouvriers, la démocratie révolutionnaire ayant une influence prépondérante sur les destinées de la révolution (« *Rabotchaïa Gazéta* », n° 69, 1917).

Les contradictions de classe s'aggravaient tandis que les menchéviks et les socialistes-révolutionnaires faisaient front, dans cette question comme dans celles de politique étrangère, contre le prolétariat, obligés qu'ils y étaient par leur principe de révolution bourgeoise. Cela ne servait qu'à creuser davantage le fossé entre les ouvriers et la petite bourgeoisie d'une part et le Gouvernement Provisoire et ses idéologues de l'autre. Les menchéviks et les s.-r. qui ne cessaient d'avertir les bolchéviks du danger de s'isoler du prolétariat s'en isolaient eux-mêmes. Mais la diminution de l'influence de ces conciliateurs sur le prolétariat se traduisait aussitôt par une diminution de puissance politique ; l'influence et la force des partisans de la collaboration des classes étaient en baisse. Ces socialistes, ne satisfaisant pas le prolétariat, le repoussaient par là même ; mais ils ne satisfaisaient pas non plus la grande bourgeoisie. Leur tentative d'arrêter la révolution et de lui conserver le caractère d'une révolution bourgeoise les obligeait non seulement à défendre les intérêts de la propriété à l'intérieur, mais aussi à faire une politique active à l'extérieur. La défense nationale révolutionnaire manifestait la révolution bourgeoise et la collaboration de classe.

D'un point de vue objectif la continuation de la guerre jusqu'à la victoire finale en résultait. « L'offensive n'est nullement le contraire de la défense », avaient écrit les stratèges de la *Rabotchaïa Gazéta*. La défense nationale révolutionnaire se lia profondément à la boucherie impérialiste. Pour la bourgeoisie toute victoire, toute défaite au front fut sa victoire ou sa défaite ; aux yeux des partisans de la défense nationale révolutionnaire les impérialistes français et anglais furent les « glorieux alliés » qu'ils avaient été pour la Russie impériale. « Profitant de la faiblesse de notre front, l'état-major allemand en retire ses troupes afin d'écraser les armées anglo-françaises et de jeter ensuite ses forces sur notre front pour dicter ses conditions à la révolution russe » (*Rabotchaïa Gazéta*, n° 85, 25 juin 1917). La conception du caractère bourgeois de la révolution, privait celle-ci de son caractère international ; et les menchéviks et les s.-r. l'attachant aux pays conquérants de l'Entente, chez lesquels la révolution bourgeoise s'est accomplie depuis longtemps, faisaient de la révolution russe la servante docile du capitalisme anglo-français. Luttant contre le prolétariat et la petite bourgeoisie pour la conservation du régime bourgeois à l'intérieur, ils les trahissaient également à l'extérieur comme l'avait fait auparavant le tsarisme. La révolution bourgeoise oblige.

Le premier combat fut livré le 18 avril sur la question de la guerre ; l'attitude équivoque des menchéviks et des socialistes-révolutionnaires s'y révéla immédiatement. Le Gouvernement Provisoire de la bourgeoisie essaya, le 18 juin, de sortir ses griffes impérialistes. On sait maintenant grâce aux *Mémoires* de M. Paléologue, ambassadeur de France à Pétersbourg, et de M. Buchanan, ambassadeur d'Angleterre, que tous les discours, toutes les notes de M. Milioukov, ministre des Affaires étrangères, furent inspirés par les deux ambassadeurs. La bourgeoisie russe voulait faire la guerre ; occupant au Gouvernement Provisoire des fauteuils ministériels elle ne pensait qu'à réprimer la révolution, souscrivant volontiers, à cette fin, aux exigences de la finance étrangère. Paléologue et Buchanan relatent sans détours leurs entrevues avec Milioukov, leurs exigences, ses promesses. La note du 18 avril sur la fidélité de la Russie aux buts de guerre des Alliés fut le résultat des aspirations de la bourgeoisie russe et de ses prêteurs. Elle suscita une opposition violente de la part du prolétariat et de la petite bourgeoisie; et ce conflit contenait en germe toutes les contradictions ultérieures de la révolution. Le gros de l'armée, c'est-à-dire une grande partie de la petite bourgeoisie, se prononça hautement contre le Gouvernement Provisoire; les menchéviks et les socialistes-révolutionnaires, membres de l'institution soviétique centrale, obéissant à la poussée des masses défendirent pourtant le gouvernement et s'efforcèrent de liquider le conflit, sachant fort bien qu'un changement de politique étrangère poserait la question du changement de la politique intérieure, soulevant en un mot une foule de problèmes dont « la bonne société » avait coutume de remettre la solution à l'Assemblée constituante.

Les menchéviks et les socialistes-révolutionnaires ne se dressaient pas encore nettement en face des ouvriers et des paysans, mais ils parlaient et agissaient déjà en défenseurs de la bourgeoisie chargés par elle de « dompter » les ouvriers et les paysans. Les manifestations du 18 avril signifièrent la rupture entre le gouvernement et les masses, révélèrent le caractère social et les fins de l'un et des autres. Lénine, analysant les événements du 18 avril, évrivit : « Les soldats prirent l'initiative des manifestations aux cris irréfléchis, inutiles et contradictoires de *A bas Milioukov !* comme si un changement de personne et de groupes pouvait modifier la nature même d'une politique. C'est dire que la grande masse flottante et inconstante qui touche de près les paysans, la masse petite-bourgeoise, d'après sa définition scientifique, va, dans ses oscillations, des capitalistes aux ouvriers révolutionnaires. Cette oscillation, ce mouvement de masses capable de tout décider par sa puissance a ouvert la crise [1] ». C'était le commencement de l'abandon progressif du Gouvernement Provisoire par le prolétariat et la petite bourgeoisie. Tandis que le principe de la révolution bourgeoise obligeait non seulement les partisans de la collaboration des classes à soutenir et à défendre le Gouvernement Provisoire, mais encore à y participer afin d'y faire une politique bourgeoise de conservation des bases traditionnelles de l'ordre capitaliste, les ouvriers et les paysans entraînés par la guerre mondiale et la crise s'acheminaient inexorablement vers la solution des problèmes que leur posait la vie.

La politique extérieure écarta du Gouvernement Provisoire les masses de la petite bourgeoisie et situa à la fois ses amis et ses adversaires. Les antagonismes de classe s'accentuèrent. La fidélité des partisans de la collaboration de classe ne fut appréciée de personne. Une politique étrangère agressive, couronnée par l'offensive du 18 juin, exaspéra le prolétariat de Pétrograd. Son éloignement de la collaboration de classe et son animosité envers le Gouvernement Provisoire, qui s'étaient déjà fait sentir en avril, apparurent au cours des manifestations de juillet, pendant le premier congrès des Soviets. Le prolétariat passa dans les journées des 3, 4 et 5 juillet, des manifestations à l'action. Les ouvriers de Pétrograd affluèrent autour du Palais de Tauride, siège du Comité Exécutif panrusse des Soviets, auquel ils demandaient d'assumer le pouvoir.

Le mouvement échoua. Le Comité Exécutif panrusse, comprenant bien que l'exercice du pouvoir exigerait un nouveau programme, l'abandon du principe de la révolution bourgeoise et le passage à la révolution prolétarienne internationale, refusa de prendre le pouvoir. Il fit appel à la troupe et réprima les manifestations ouvrières. Les consé-

---

1. LÉNINE : *Œuvres*, t. XV, 1ʳᵉ partie, p. 109.

quences de ces journées furent très grandes. Le Comité Exécutif panrusse des Soviets avait opposé la force des armes au prolétariat et à la petite bourgeoisie qui suivait le prolétariat. Dès lors, il y eut du sang entre le Comité incarné par ses dirigeants menchéviks et socialistes-révolutionnaires et le prolétariat. On désarma, en vertu des ordres du Comité, les ouvriers et les soldats qui avaient participé aux manifestations, on en arrêta un grand nombre; la répression s'acharna surtout contre les participants et les dirigeants du mouvement ainsi que sur le parti bolchéviste. Le Comité Exécutif panrusse des Soviets donnait les ordres; des officiers contre-révolutionnaires les exécutaient.

Ce qui avait été maintes fois demandé par la bourgeoisie contre-révolutionnaire fut fait par les officiers et les généraux spécialisés dans ces sortes de besogne. L'attitude du Comité Exécutif panrusse des Soviets et les brutalités de la répression posèrent avec une force nouvelle le problème du pouvoir. Le prolétariat, vaincu par la coalition de la bourgeoisie contre-révolutionnaire des menchéviks et des socialistes-révolutionnaires, ne pouvait plus accomplir ses tâches qu'en forçant le front commun de ses adversaires contre-révolutionnaire : par la prise du pouvoir en un mot. Lénine le comprenait admirablement qui, analysant les événements des 3-5 juillet, écrivait : « C'est le prolétariat révolutionnaire qui, après l'expérience de juillet 1917, doit prendre lui-même le pouvoir; ou la victoire de la révolution n'est pas possible [1] ». La même idée inspira les travaux du VIe congrès du parti bolchéviste. Convoqué dans les plus mauvais jours du régime Kérensky à un moment où le parti était persécuté, presque réduit à l'illégalité, ce congrès déclara dans son manifeste : « Les baïonnettes ne calment pas les peuples... Les forces souterraines de l'histoire sont à

____

1. *Œuvres*, t. XIV, 2ᵉ partie, p. 17.

l'œuvre. Un sourd mécontentement mûrit dans les masses populaires... Notre parti marche à la bataille drapeaux déployés... Il sait qu'un nouveau mouvement se prépare et que la dernière heure de la vieille société n'est pas loin ». Le Comité Exécutif panrusse s'étant dressé contre les ouvriers, alla s'anémiant, s'affaiblissant lui-même, de plus en plus éloigné de ses bases sociales, étroitement uni à la bourgeoisie et le révélant, mais défendant les classes riches et faisant leur politique sans plus guère réussir à dissimuler les desseins contre-révolutionnaires de la bourgeoisie.

Les exigences de celle-ci se firent plus impérieuses. Elle chercha à exploiter à fond le Comité Central Exécutif panrusse des menchéviks et des socialistes-révolutionnaires. Le général Kornilov télégraphiait, le 11 juillet 1917, au Gouvernement Provisoire : « Le pouvoir révolutionnaire doit s'engager dans une voie fermement et nettement définie. L'établissement de la peine de mort et la création de conseils de guerre au front s'imposent, à titre de mesures provisoires exclusivement motivées par une situation sans issue ». Le général concluait par une menace : « C'est assez. Je déclare que si le gouvernement refuse sa sanction aux mesures que je propose, me privant ainsi du seul moyen que j'aie de sauver l'armée et de l'utiliser conformément à sa véritable destination, qui est de défendre la patrie et la liberté, je quitterai de mon propre chef, moi, général Kornilov, le commandement suprême [1] ». Le Gouvernement Provisoire défendant, lui aussi, la « patrie et la liberté », prêtait une oreille pusillanime aux menaces du général et se hâta de satisfaire les exigences de la bourgeoisie. Le style des circulaires et des ordres du gouvernement commence à ressembler à celui des ordres et des manifestes de Kornilov. Le ministre de l'Intérieur, le leader des menchéviks, Tséré-

---

1. *Rouskoïé Slovo,* p. 157, 1917.

telli écrivit ainsi aux commissaires des régions. « L'heure n'est pas aux hésitations et aux actions dispersées; seul un pouvoir fort et uni sauvera la patrie[1] ».

Le Gouvernement Provisoire, bien qu'hostile aux ouvriers, n'était pas considéré par la bourgeoisie contre-révolutionnaire comme lui donnant toutes garanties. Il ne faisait, en exécutant ses ordres et ses exigences, que préparer le terrain pour ses actions ultérieures. La bourgeoisie ne pouvait pas renoncer à ses fins au front comme à l'arrière, et n'y pensait pas. Mais elle devait, pour les atteindre, gouverner elle-même et non par l'intermédiaire des menchéviks et des socialistes-révolutionnaires; elle voulait le pouvoir et se le figurait sous la forme d'une dictature militaire. Le général Kornilov, parlant le 14 août à la conférence d'Etat à Moscou, déclarait non sans recueillir les marques d'approbation de toute la bourgeoisie : « Si des mesures sont prises en vue de l'assainissement de l'armée et de l'augmentation de ses capacités de combat, je pense qu'il ne doit guère y avoir de différence entre le front et l'arrière quant à la rigueur du régime nécessaire au salut du pays[2] ».

La bourgeoisie ne se contentait d'ailleurs pas de paroles, elle se préparait à l'action. Il lui apparaissait clairement que Kérensky valait moins, en dépit de sa souplesse et de sa mollesse, que Kornilov. Le complot ministériel mûrissait au sein même du Gouvernement Provisoire. Un ministre de ce gouvernement, Vladimir Lvov, raconte, à ce sujet, dans ses *Souvenirs* une scène remarquable : « ...Kérensky m'avait déçu en ne combattant pas assez énergiquement les bolchéviks; il manquait de volonté; et comme on se demandait s'il fallait élargir ses pouvoirs, j'allai voir

---

1. *Messager du Gouvernement*, n° 111.
2. *Izvestia* du Comité Exécutif panrusse des Soviets, n° 144, 1917.

Téréchtchenko et lui demandai : Lequel vaut mieux de Kérensky ou de Kornilov[1] ? ».

Ce qu'il faut remarquer dans ces paroles, c'est le lieu où elles sont dites et les causes qui les font dire. Aux yeux des membres bourgeois du Gouvernement Provisoire les partisans mêmes de la collaboration de classe n'étaient plus nécessaires.

Les régiments que Kérensky appela du front pour combattre les bolchéviks devaient marcher contre lui et contre le Gouvernement Provisoire. Par le coup de force de Kornilov la grande bourgeoisie contre-révolutionnaire tenta de prendre le pouvoir. D'après les *Izvestia*, l'annonce de l'action de Kornilov provoqua à la Bourse une hausse des valeurs[2]. Le récit de V. Lvov qui participa énergiquement à l'action montre bien quelles étaient les bases du coup de force. « Me rendant à Pétrograd le 21 août, je m'entretins dans le coupé avec mon compagnon de route, un général. Il se rendait, me dit-il, à Pétrograd afin d'assister à un Conseil de guerre où devaient être arrêtées les revendications à présenter au gouvernement. — Et qu'attend-on le 20 août ? demandai-je. — Je l'ignore, me répondit le général, je sais seulement qu'une mobilisation de l'ancienne police et de la gendarmerie dont je suis le chef est ordonnée pour cette date. Un ultimatum sera en tout cas communiqué au gouvernement, et s'il n'est pas accepté il y aura des événements[3] ».

Kornilov échoua. Le prolétariat défait les 3-5 juillet et accablé par les rigueurs de la répression repoussa fermement, avec ensemble, cette offensive de la contre-révolution. Le spectre d'un général faisant son entrée sur un cheval blanc amena les masses à se rassembler autour des Soviets.

---

1. *Poslednié Novosti*, Paris, n° 84, 1920.
2. VLADIMIROVA : *La révolution de 1917*, t. IV, p. 111.
3. *Poslednié Novosti*, n° 190, 1920.

Dans la lutte contre Kornilov le prolétariat et la petite bourgeoisie révélèrent quelles forces puissantes étaient en eux. Ce furent les masses qui, dirigées par leurs organisations prolétariennes, les soviets, résistèrent à Kornilov. Cet épisode fit ressortir la nullité du Gouvernement Provisoire. Les questions du pouvoir et de l'armement se précisèrent et se cristallisèrent dans l'esprit des masses prolétariennes. Le conseil des syndicats de Moscou, réuni en assemblée générale, déclara dans une motion concernant le coup de force de Kornilov : « Il apparaît nécessaire, afin de combattre la contre-révolution, d'organiser l'armement des véritables porteurs de l'esprit révolutionnaire, c'est-à-dire des masses ouvrières ; aussi faut-il organiser des gardes-rouges prêtes, au premier appel du Soviet des Députés Ouvriers et Soldats, à défendre la révolution et à réprimer résolument la contre-révolution [1] ».

Résistant à Kornilov, les Soviets prenaient le pouvoir On le vit tout de suite dans les centres purement prolétariens. A Lougansk, à la première nouvelle du coup de force de Kornilov, les officiers furent arrêtés, des bataillons ouvriers s'organisèrent, des tribunaux furent créés, bref le pouvoir passa en cours de lutte au Soviet [2]. L'action de Kornilov marqua une des dernières étapes de l'abandon, par le prolétariat et la petite bourgeoisie, de la politique de collaboration de classe et de leur passage au bolchévisme. La politique étrangère et le délabrement économique accentuaient les antagonismes de classe ; la tentative de résoudre par une opération chirurgicale les questions pendantes dévoila au prolétariat et à la petite bourgeoisie l'inconsistance de la collaboration des classes. Dès la défaite de Kornilov l'accroissement de l'influence du bolchévisme devint manifeste.

1. V. Vladimirova: *La révolution de 1917*, t. IV, p. 129.
2. *La Révolution d'Octobre*, V* anniversaire, Kharkov, p. 634.

CHAPITRE V

Vers la révolution d'Octobre : les masses ouvrières et paysannes se rallient spontanément sous les drapeaux du parti bolchéviste; préparation et organisation concertée de la révolution par le parti bolchéviste; la bourgeoisie à la veille des événements.

Le brusque revirement des masses prolétariennes se détournant des partis petits-bourgeois pour aller aux bolchéviks fut assez chaotique, surtout au lendemain de l'affaire Kornilov ; le passage au bolchévisme de diverses organisations prolétariennes l'attesta. La physionomie politique des Doumas municipales, des Comités d'usines, des Soviets commence à se modifier. Des majorités composées auparavant de représentants du socialisme petit-bourgeois se désagrègent et le rôle dirigeant passe aux bolchéviks. Il en fut ainsi du bas en haut des organisations prolétariennes, dans la Russie entière, en commençant par les centres prolétariens; la province suivit. Ce passage des masses prolétariennes et semi-prolétariennes sous les drapeaux du bolchévisme fut surtout remarquable en août-septembre. Divers témoignages nous montrent l'influence du bolchévisme sur les ouvriers et les soldats croissant rapidement, avec vigueur et spontanéité, dès après l'affaire Kornilov. C'est d'abord le cas à Pétrograd, comme le démontrent les résultats des élections aux doumas municipales qui eurent lieu avant l'affaire Kornilov [1].

Voici les résultats de ces élections :

Partis	Nombre de mandats		Partis	Nombre de membres	
	Douma municipale sortante	Douma municipale élue		Douma municipale sortante	Douma municipale élue
Soc.-rév.	54	75	Gr. de l'*Edinstvo* [2]	5	2
Constitutionn.-Démocrates ..	47	42	Radic.-Démoc. .	—	1
Menchéviks ...	40	8	Rép.-Démoc. ...	—	1
Bolchéviks	37	67	Alliance commerc. et industrielle ...	—	1
Travaillistes ..	11	2	Sans-parti	—	1
Socialistes-pop.	6				

Ce tableau montrant le rapport des forces électorales à Pétrograd avant le coup de force de Kornilov suggère des conclusions intéressantes. Ce qui saute tout d'abord aux yeux c'est le nombre de mandats obtenus par les socialistes-révolutionnaires et les bolchéviks; mais ici encore un trait est à noter. Le nombre de sièges conquis par les bolchéviks a presque doublé: les gains des socialistes-révolutionnaires sont plus lents. Les bolchéviks et les socialistes-révolutionnaires progressent aux dépens des menchéviks et des groupements voisins des menchéviks qui subissent des pertes saisissantes. Le nombre des mandats dévolus aux menchéviks tombe de 40 à 8; c'est un désastre. Les populistes, les travaillistes, les socialistes-populaires partagent ce désastre. C'est sans doute aux dépens des populistes que gagnèrent les socialistes-révolutionnaires. Si nous passons maintenant à l'analyse des résultats du scrutin pour les bolchéviks, les socialistes-révolutionnaires et les constitutionnels-démocrates (dits cadets), par arrondissements de Pétrograd, un autre tableau d'un grand intérêt s'offre à nos yeux.

---

1. *Rietch*, n° 200, 1917.
2. *Edinstvo (l'Unité)*, organe des socialistes de défense nationale d'extrême droite, dirigé par G. V. Plékhanov.

Arrondissements	Bolchéviks	Socialistes-révolutionnaires	Constitutionnels-démocrates
Amirauté	4.233	4.952	2.531
Alexandre-Nevsky	12.180	22.820	5.993
Vassili-Ostrov	21.355	18.462	1.987
Vyborg	22.487	8.519	2.703
Kazan	2.284	3.998	5.478
Kolomenski	7.015	9.042	6,179
Liteyni	5.293	10.999	12.038
Moskovski	8.508	13.917	13.190
Narva	23.177	24.969	7.892
Pétrograd (rive)	26.781	18.232	18.582
Rojdestvensky	5.321	13.477	11.530
Spasski	3.020	7.141	5.927
Lessnoé	5.770	4.044	3.894
Nevsky			
Novaïa Diérevnia	3.689	2.739	2.698
Pétergof	17.255	8.807	953
Polioustrovo	5.789	10.825	1.741
Totaux	174.092	182.203	110.928 [1]

Il saute aux yeux que dans certains arrondissements le nombre des suffrages donnés aux bolchéviks dépasse sensiblement celui des suffrages réunis par les autres partis. Ces arrondissements sont ceux de Vassili-Ostrov, Vyborg, Pétrograd-rive et Pétergof. Il est intéressant de noter que là où le parti bolchéviste obtient la majorité absolue (à l'exception de Pétrograd-rive), le nombre de voix allant aux constitutionnels-démocrates est moindre qu'ailleurs. En certains endroits ce sont les socialistes-révolutionnaires qui obtiennent la majorité absolue, mais cette majorité est toujours accompagnée de fortes minorités constitutionnelles-démocrates. C'est le cas des arrondissements Liteyni et Moskovski. Qu'est-ce à dire ? Que les arrondissements purement prolétariens donnent leurs voix au parti du prolétariat (Vyborg), tandis que les arrondissements où se concentrent la grande et la petite bourgeoisie donnent les leurs aux socialistes-révolutionnaires et aux constitutionnels-démocrates. Ainsi, dès août, notre parti avait une base ferme

____

1. *Rietch*, n° 197, 1917.

dans les quartiers ouvriers de Pétrograd. Et, ces chiffres l'attestent, notre influence sur le prolétariat de Pétrograd s'accrut fortement au cours de l'été.

Les élections des municipalités provinciales révèlent le même accroissement d'influence de notre parti. A Tsaritsyne [1], au début de juillet (le 9), la Douma municipale comprend 102 membres dont 3 bolchéviks, 41 socialistes-révolutionnaires et menchéviks et 2 constitutionnels-démocrates. Les élections du 27 août lui donnent la composition suivante : 45 bolchéviks, 26 socialistes-révolutionnaires et menchéviks, 2 constitutionnels-démocrates. Plus saisissant encore fut le résultat des élections à Moscou (elles eurent lieu après l'affaire Kornilov). En juin les socialistes-révolutionnaires et les menchéviks détenaient à la municipalité de Moscou 70 % des sièges ; les élections de septembre ne leur en laissèrent que 18 % ; les constitutionnels-démocrates arrivèrent à 30 % et les bolchéviks à 47 %. Les gains des bolchéviks furent surtout sensibles dans les arrondissements prolétariens. Les villes ouvrières tombèrent les premières aux mains de notre parti. D'après le *Rouskoïé Slovo*, les bolchéviks eurent à la Douma municipale d'Orékhovo-Zouévo 75 % des sièges; à Narva ils en eurent 50 %; à Cronstadt 44 % ; à Ivanovo-Voznessensk 39 %.

Cet accroissement de l'influence bolchéviste sur les massses ouvrières se manifesta avec plus de netteté encore par le passage à notre parti des organisations purement prolétariennes telles que les comités d'usines, les comités syndicaux, les soviets. Les comités d'usines de grandes entreprises moscovites, jusqu'alors aux mains des menchéviks, passèrent en août et septembre aux bolchéviks. De même dans la région du Don. La composition du Soviet de Moscou et de son Comité Exécutif se transforma. La majorité appar-

---

1. Aujourd'hui Stalinegrad (*N. du Tr.*).

tint d'abord, dans ce Comité Exécutif composé de bolchéviks, de menchéviks et de socialistes-révolutionnaires, aux menchéviks et socialistes-révolutionnaires. Les élections de la fin de septembre y amenèrent un regroupement. Il y eut désormais 32 bolchéviks (246 voix), 16 menchéviks (125 voix), 9 socialistes-révolutionnaires (65 voix), et 3 soc.-dém. unifiés (26 voix) [1].

Les soviets passaient l'un après l'autre aux bolchéviks. Le Soviet de Pétrograd vota une motion bolchéviste le 31 août. Le Soviet de Moscou le suivit de près. La composition politique des soviets se modifiait complètement. Les changements qui se produisent dans la composition du Soviet de Saratov sont typiques à cet égard ; ils donnent une idée claire de l'avance victorieuse du parti prolétarien.

Composition du Soviet de Saratov

Partis	2e élection		3e élection	
	ouvriers	soldats	ouvriers	soldats
Menchéviks	120	90	72	4
Socialistes - révolut. .	50	260	43	60
Sans parti	—	—	34	—
Bolchéviks	40	50	164	156

(Le premier de ces deux soviets dura jusqu'au mois de septembre ; les élections du second s'achevèrent en septembre [2]).

Ce tableau est très significatif. Il atteste le même procès que les élections des doumas municipales, mais plus accentué encore. On notera que les socialistes-révolutionnaires avaient eu la majorité à la section des soldats, tandis que les menchéviks l'avaient eue à la section ouvrière. L'effondrement de ces deux partis montre que le prolétariat des usines et les paysans sous l'uniforme se rangeaient en masse sous

---

1. *De février à octobre*, p. 15.
2. *L'anniversaire de la révolution sociale à Saratov* (*1918*).

les drapeaux bolchévistes. A ce point de vue les chiffres de Saratov sont caractéristiques. En septembre et au début d'octobre de nombreux soviets provinciaux et de grandes organisations soviétiques régionales passèrent aux bolchéviks.

L'armement du prolétariat commençait, au même moment, dans les usines par des initiatives spontanées bientôt dirigées par les bolchéviks. La nécessité de l'armement du prolétariat et de la création des gardes rouges, apparue aux masses dès les premiers jours de la révolution, n'en fut nettement comprise qu'après l'affaire Kornilov. Dès ce moment quantité d'usines se mirent à former des gardes rouges. A titre d'exemple : à Moscou, les ouvriers de l'usine Michelson organisent leur garde rouge. Ecoutons la relation d'un témoin qui fut aussi un participant aux événements : « Les ouvriers ouvraient, afin d'acheter des armes, des souscriptions. Ils donnèrent le salaire d'une journée. Ils purent acquérir ainsi 40 fusils autrichiens et allemands et 20 cartouches par fusil [1] ». En dépit de ces tentatives d'organisation qui se produisirent spontanément un peu partout, la classe ouvrière se trouva au moment de l'insurrection d'octobre » (art. 1ᵉʳ). L'usine en était l'organisation de eu le temps de se former et ses statuts n'ayant été rédigés à Pétrograd que le 23 octobre à la conférence des rayons (arrondissements) de la ville, et à Moscou le 24, au moment où s'engageait déjà la bataille.

Ces statuts définissaient l'objet, la composition, les tâches et la structure de la garde rouge « organisation des forces armées du prolétariat destinée à combattre la contre-révolution et à défendre les conquêtes de la révolution d'octobre ». (art. 1ᵉʳ). L'usine en était l'organisation de base. La garde rouge devait être formée d'ouvriers sélec-

---

1. *Les journées d'Octobre aux Sokolniki*, p. 53.

tionnés parmi les plus dévoués à la classe ouvrière. « La garde rouge s'organise dans les entreprises, où elle obéit à des commandants élus sur place. Les ouvriers des petites entreprises se réunissent par arrondissement (rayons) sous un commandement commun » (art 19). « La garde rouge est subordonnée au Soviet et obéit à ses propres commandants ».

La masse paysanne rompt également en août, septembre et octobre avec le Gouvernement Provisoire et avec le socialisme petit-bourgeois. Les paysans n'avaient pas réussi, au cours de la révolution de Février, à obtenir du Gouvernement Provisoire la satisfaction de leur revendication principale : la confiscation des grands domaines.

Le Gouvernement Provisoire, quelles que fussent ses compositions successives, s'opposa avec unanimité à la prise des terres par les paysans. A cet égard son attitude et celle de la commission agraire du premier Comité Exécutif panrusse des Soviets furent identiques. Le gouvernement et le comité invitèrent de même les paysans à attendre l'Assemblée constituante. La seule différence fut que le Gouvernement Provisoire envoyait dans les campagnes, en même temps que ses admonestations et ses exhortations, des forces de répression et s'efforçait d'implanter, à l'aide des détachements cosaques, dans la cervelle des paysans levés pour prendre la terre, une haute idée de la mission de la Constituante. Les menchéviks et les s.-r. installés au premier Comité Exécutif panrusse des Soviets fournissaient cependant à cette propagande pratique une justification idéologique. La section agraire du comité envoyait par toute la Russie des circulaires, des appels et des ordres invitant les paysans à attendre, à ne pas prendre la terre, à ne pas trancher la question agraire jusqu'à l'Assemblée constituante. Cette attitude des menchéviks et des s.-r. amenait pratiquement au statu quo dans les campagnes, c'est-à-dire au maintien du régime de la propriété foncière et nobiliaire. Le Gouvernement Provisoire défendait de toute ses forces les mêmes positions. Ainsi se creusa un fossé entre les paysans et le Gouvernement Provisoire appuyé des s.-r. et des menchéviks.

La force des paysans pressés de conquérir la terre était formidable. Tous les paysans étaient unanimes dans leur désir d'abolir la grande propriété foncière, unanimes à considérer cet objectif comme le premier. Le Gouvernement Provisoire résistant au mouvement paysan tenta de recenser et de définir dans ses bureaux les troubles agraires. Nous avons ainsi la possibilité de nous rendre compte de la rapidité du développement du mouvement paysan en général et de son évolution. Les paysans passaient, nous le voyons grâce à ces données, de la conciliation des classes à la jacquerie. Il y eut en sept mois, de mars à septembre, 3.551 cas de troubles agraires enregistrés par le Gouvernement Provisoire. Les troubles d'octobre ne furent pas enregistrés, le gouvernement ne dressant ses statistiques qu'à la fin du mois : or, il n'existait plus à la fin d'octobre. La progression des troubles est la suivante : en mars 17 cas, en avril 206, en mai 259, en juin 557, en juillet 1.122, en août 741 et en septembre 629. Ces chiffres montrent tout d'abord que la révolution se trouva en retard dans les campagnes par rapport aux villes. En mars, la révolution se terminait déjà dans les régions industrielles du centre; l'autocratie y était balayée. On ne note pourtant que 17 actions révolutionnaires dans les campagnes. Les ruraux commencent donc à peine à se rendre compte de ce qui se passe, ils cherchent à se renseigner et à s'orienter. Mais dès qu'ils ont compris, ils se mettent énergiquement à l'œuvre et commencent à participer à la révolution, qui est surtout à leurs yeux une révolution agraire ; les actions révolutionnaires des paysans se multiplient sans arrêt, les paysans luttent pour la terre. La lutte s'aggrave et s'étend jusqu'au mois de juillet. Elle décline en août et septembre. Cela s'explique par l'offensive du Gouvernement Provisoire contre la révolution dans les villes et dans les campagnes, offensive qui suivit l'échec subi par le prolétariat dans les journées de 3-5 juillet. Mais si le nombre des actions paysannes diminue en août et septembre leur qualité s'améliore. Dans les premiers mois de la révolution les paysans, influencés par le passage du pouvoir local aux groupements bourgeois, tentent de résoudre la question agraire par des accords particuliers, arrêtent les travaux, empêchent la coupe et le transport du bois, instituent çà et là le fermage obligatoire. En août et septembre, ils passent à l'expropriation et à la destruction. On n'enregistre pour les quatre premiers mois de la révolution que 248 cas de prise de terre. Il s'en produit 236 en juillet et 283 en août et septembre. Mais en septembre, 112 cas de pillage et d'incendie s'y ajoutent. Les paysans passent donc bien de la prise pure et simple des terres à l'extermination des propriétaires fonciers. Telles sont, en 1917, les variations de caractère de l'action paysanne, dont l'intensité passe des tentatives de conciliation aux tentatives d'extermination, et aussi, dans une certaine mesure, des actions spontanées aux actions organisées.

On peut dire que l'organisation paysanne est, en 1917, infiniment supérieure à ce qu'elle était en 1905. Dans le gouvernement de Kazan, par exemple, 80 actions organisées et 150 actions spontanées de paysans ont lieu en 1917. Dans le gouvernement de Penza les actions organisées sont au nombre de 169, et les actions spontanées au nombre de 118. Dans le gouvernement de Tambov, 39 actions organisées, 108 actions spontanées. On voit que le pourcentage des premières est assez élevé et l'on peut observer une évolution :

en août et septembre, l'action spontanée des masses paysannes rompt les cadres de l'action organisée et passe irrésistiblement de la cessation des travaux et de la confiscation de l'outillage à la destruction des biens des propriétaires fonciers.

Les menchéviks et les s.-r. se désolidarisent des paysans en lutte pour la terre et les combattent. Si dans les premiers mois de la révolution les s.-r. avaient bénéficié, parmi les ruraux, d'une certaine influence, la manière de résoudre la question agraire montra clairement aux paysans qui ils devaient suivre. Les bolchéviks seuls étaient avec eux dans la lutte pour la terre. Pendant le premier congrès des députés paysans, Lénine écrivit que le parti bolchéviste devait soutenir de toutes ses forces le mouvement paysan et les organisations paysannes. « Car, disait-il, l'organisation des paysans, leur organisation par en-bas, sans fonctionnaires, sans contrôle ni surveillance des propriétaires fonciers et de leurs auxiliaires est le seul gage, le gage le plus sûr du succès de la révolution et de l'émancipation de la Russie du joug des propriétaires fonciers » [1]. Les bolchéviks n'invitaient pas les paysans à attendre la Constituante mais, au contraire à résoudre sur l'heure, avec organisation, la question agraire. A la conférence panrusse d'avril, il fut dit dans la résolution écrite par Lénine et adoptée sur sa proposition que le parti du prolétariat combattrait de toutes ses forces pour la nationalisation immédiate et complète des propriétés foncières, des apanages, des terres de l'église et de la couronne. Le parti se prononçait résolument pour le passage immédiat des terres aux paysans organisés en soviets ou, sous toute autre forme démocratique, en des organes d'administration locale élus et complètement indépendants des propriétaires fonciers et des fonctionnaires. Le

---

1. *Œuvres*, t. XIV, 1ʳᵉ partie, p. 87.

parti du prolétariat exigeait la nationalisation du sol, l'abolition de la propriété foncière et de toutes les formes privilégiées de propriété. Les bolchéviks conviaient les paysans à prendre les terres avec organisation et non à détruire les entreprises agricoles; ils invitaient les paysans à préparer et organiser leurs actions. Les résolutions de la conférence d'avril engageaient les paysans à ne pas endommager l'outillage agricole et à augmenter la production. Lénine, dans sa lettre au premier congrès panrusse des Députés paysans, invita au nom du Comité Central du parti bolchéviste les ruraux à prendre sur l'heure les terres, sans attendre la Constituante, mais avec organisation, sans tolérer de destruction d'outillage, en transmettant les terres aux comités locaux, en se préoccupant de l'emblavement. « Notre parti, écrivait-il, pense que les paysans doivent prendre sans délai toutes les terres mais avec le plus d'organisation possible, sans tolérer que les biens soient endommagés et en faisant le possible pour augmenter la production de blé et de viande » [1].

Les appels des bolchéviks parvenaient aux masses paysannes dont l'organisation et la ténacité dans la lutte pour la terre ne cessaient de grandir. Le fossé se creusait de plus en plus profondément entre l'ensemble des paysans et le Gouvernement Provisoire appuyé des s. r. et des menchéviks. Parmi les paysans qui passaient de l'accord avec la propriété foncière à la destruction de celle-ci de nouveaux éléments sociaux parvenaient à la direction du mouvement. Après la révolution de février, le pouvoir local était échu à la bourgeoisie rurale qui avait tenté de maintenir sa situation privilégiée. Vers les mois de juillet et d'août, tandis que les paysans passent de la conciliation à la destruction des propriétés foncières et des avant-postes du Gouvernement

---

1. *Œuvres*, t. XIV, 1ʳᵉ partie, p. 150.

Provisoire dans les campagnes, ce sont les pauvres qui se mettent en tête de la conquête des terres. Les prolétaires et les demi-prolétaires des campagnes prennent la direction des organisations paysannes, rallient autour d'eux l'ensemble des ruraux et les conduisent à la fois à l'assaut des dernières citadelles de la féodalité nobiliaire et des citadelles de la bourgeoisie. À la suite de la lutte contre la propriété foncière s'engage la lutte pour la paix, lutte contre le Gouvernement Provisoire, lutte qui va devenir une lutte pour le pouvoir. Les paysans commençant à combattre pour le pouvoir se dressent, unanimes, contre le Gouvernement Provisoire. On s'en aperçoit en septembre quand leurs organisations passées sous la direction des pauvres se rangent sous les drapeaux du bolchévisme et prennent les armes contre le Gouvernement Provisoire.

On annonce ainsi en septembre que dans l'arrondissement de Kozlovsk, gouvernement de Tambov, une propriété est pillée, 25 habitations sont brûlées. Dans l'arrondissement de Serdobsk, gouvernement de Saratov, on écrit (septembre) que les troubles agraires s'étendent, que les paysans « volent le bétail, partagent les terres et les forêts, prennent le blé. Les autorités demandent des troupes. Le comité exécutif local propose de transmettre les terres aux comités agricoles, les troubles gagnent l'arrondissement d'Atkarsk ». De semblables dépêches arrivent de partout, de plus en plus nombreuses pendant tout le mois de septembre. En octobre les troubles agraires acquièrent dans certains gouvernements un caractère tout à fait général. On écrit de Penza que 8 propriétés ont été pillées dans l'arrondissement de Novo-Tcherkassk. Quelques jours plus tard on écrit encore de Penza que le pillage général des propriétés foncières a commencé dans l'arrondissement de Saransk. Les troubles agraires gagnent d'autres arrondissements, la crise du ravitaillement s'aggrave. Il est intéressant d'observer que ce terrorisme rural se généralise, comme le montre la carte du mouvement agraire dressée par Knipovitch dans son ouvrage (*Sur la Terre*), dans les contrées mêmes qui furent en 1903-1905 le théâtre du mouvement agraire.

La lutte des paysans pour la terre commencée par la prise des propriétés foncières revêtit bientôt des formes organisées : les soviets de députés paysans, les comités exécutifs des arrondissements, les comités agricoles décidèrent le passage de toutes les terres et de tout l'outillage aux paysans et s'efforcèrent d'appliquer rationnellement ces mesures. « L'assemblée générale des députés paysans du gouvernement de Samara a décidé de transmettre les terres et l'outillage des particuliers aux comités locaux ». Des décisions analogues furent adoptées en maints endroits.

L'alliance entre le prolétariat et les paysans dans la lutte pour le pouvoir apparaît alors clairement aux yeux du Gouvernement Provisoire, des menchéviks et des s.-r. Elle apparaît aussi aux prolétaires et aux paysans auxquels Lénine jette, au moment où la guerre des paysans atteint son apogée, en septembre, le mot d'ordre : « La crise est imminente ».

Le mouvement paysan rencontra une résistance opiniâtre de la part des propriétaires fonciers grands et petits. L'association des propriétaires fonciers de la région de Kazan écrivait : « La situation est très grave dans la région, la résolution de l'assemblée générale du Soviet des Députés paysans de la région de Samara est répandue à profusion et souvent appliquée. La saisie des propriétés foncières, de l'outillage et du bétail, l'interdiction faite aux ouvriers de travailler pour les particuliers, même si ce sont des paysans, avant la réunion de l'Assemblée constituante, ne manqueront pas de provoquer des événements graves, de nuire au ravitaillement et d'entraîner une crise économique » [1].

---

1. *Les voies de la Révolution*, n° 1, p. 66.

Des clameurs semblables retentissaient par toute la Russie. L'association des propriétaires fonciers d'Ouman adressa au généralissime et aux ministres de l'intérieur, de la guerre, de l'approvisionnement, du commerce et de la justice, une dépêche disant que les « continuelles attaques des habitations par des bandes armées, le banditisme sur les routes, les saisies de biens et les prétentions de plus en plus exagérées des paysans sur les terres des propriétaires privés et des paysans riches, menaient le pays à une crise économique. Le Gouvernement Provisoire ne fit pas la sourde oreille aux cris des propriétaires fonciers. Le prince Lvov tenta maintes fois de démontrer aux paysans, par l'organe des commissaires régionaux, la « complète inutilité » de leur lutte pour la terre. Le Gouvernement Provisoire prodiguait les télégrammes prescrivant « les mesures les plus énergiques » afin — un cas entre mille — « que les paysans du village d'Afanassiévo restituent immédiatement au propriétaire Katsynsky les terres et l'outillage saisis... ». Au fur et à mesure que l'automne se rapprochait, les clameurs des propriétaires devenaient plus fortes et les ordres du Gouvernement Provisoire — « prendre des mesures » — se multipliaient. La persuasion n'ayant eu aucun résultat, le Gouvernement Provisoire prescrivit à ses fonctionnaires d'avoir recours dans les campagnes, selon une vieille tradition, à la force des armes. La cavalerie se répandit dans les villages, mais sans résultat. « Des troubles ont eu lieu — disaient les communiqués sur un ton désolé — aux villages de Bogoyavlensk et de Iouriev-Starii, d'où ils ont gagné le district de Lipetsk » malgré l'action « énergique » de la cavalerie, qui ne pouvait certes pas arrêter la révolution paysanne. La répression créa un état de conflit armé entre les paysans et le Gouvernement Provisoire (composé en grande partie de socialistes- révolutionnaires représentant le parti traditionnel des paysans). Cette lutte ouverte à

laquelle prirent part des millions de ruraux et qui s'étendit
à une très grande partie de la Russie n'eut d'autres résultats
que de miner le Gouvernement Provisoire, évidemment inca-
pable de satisfaire les besoins des paysans. Les masses, qui
en mars avaient porté ce gouvernement au pouvoir, posaient
nettement la question de son renversement. Le prolétariat
s'en était écarté, échappant à l'influence des partis socialistes petits-bourgeois, donnant partout ses voix aux bolchéviks et les appelant à diriger ses organisations prolétariennes.

Le développement du mouvement ouvrier et du mouvement paysan, la rupture entre les masses ouvrières et paysannes et le Gouvernement Provisoire, le ralliement des prolétaires d'abord et des paysans ensuite au bolchévisme se
reflétaient aussi dans l'armée où, pendant toute l'année
1917, la lutte de classe revêtit des formes dictées par la
nature la même de l'armée. Le fossé s'y creusait entre les
représentants bourgeois du Gouvernement Provisoire et la
foule de soldats prolétaires et paysans. La bourgeoisie formait les cadres et le commandement, les paysans et les prolétaires en uniforme formaient le matériel humain. L'armée
reproduisait ainsi avec vigueur et clarté la structure même
de la politique intérieure et étrangère de la bourgeoisie. Elle
était l'instrument direct de cette politique étrangère, et le
haut commandement s'en servait pour poursuivre ses propres
fins. Les millions d'ouvriers et de paysans mobilisés ne
s'intéressaient nullement à la politique étrangère de la bourgeoisie. Tandis que celle-ci s'efforçait de continuer la guerre
aux côtés de la France et de l'Angleterre impérialiste, la
masse des soldats pensait à la paix, luttait pour la paix,
voulait à toute force s'arracher à la guerre impérialiste. La
révolution posait catégoriquement à l'armée le problème
du pouvoir, vers la solution duquel cheminaient les prolé-

taires et les paysans. La composition sociale de l'armée ne la mit pas tout de suite devant le problème du pouvoir, l'obligeant à rechercher d'abord une solution au problème de la guerre. Il fallait arracher le commandement à la bourgeoisie, créer un commandement prolétarien, réorganiser l'armée sur des bases nouvelles. La révolution qui s'accomplit à l'armée reproduisit celle dont le pays était le théâtre. Il fallut, à l'armée comme dans le pays, démolir la machine gouvernementale de la bourgeoisie et en construire une autre.

Ces fins définies, la lutte revêtit les formes les plus variées, à commencer par des actions spontanées, pour finir par des actions mûrement réfléchies et concertées. Un document rédigé par le chef d'état-major du généralissime définit avec force l'état d'esprit des troupes à la mi-juin 1927. Un soldat dit : « Nous avons renversé l'ancien gouvernement, nous réglerons aussi le compte de Kérensky ». Dans certains régiments l'état d'esprit changeait d'heure en heure. La révolution suivait les chemins les plus différents. Les cas d'indiscipline, les désertions, les refus d'obéissance se multipliaient, l'influence des bolchéviks grandissait, les organisations de base passaient aux mains d'hommes de troupe. Le commandement faisait tout son possible pour garder l'armée en mains. Il en résultait un curieux état de guerre civile, au sein même de l'armée. Toute tentative des soldats et des paysans sous l'uniforme de s'émanciper de la tutelle des chefs était qualifiée de trahison. La bourgeoisie ne négligeait aucun moyen pour maintenir les hommes dans l'obéissance. Répression continue. Des régiments entiers étaient désarmés, on condamnait à mort des bataillons. La presse bolchéviste, considérée par le commandement comme la cause de tous les maux, était persécutée. Le commissaire du Gouvernement Provisoire auprès du commandant en chef du front occidental écrivait avoir pris des mesures particulières pour empêcher la *Zvezda*, « organe manifestement léniniste » paraissant à Minsk, de parvenir aux troupes. Des conseils de guerre « révolutionnaires » étaient formés afin de rétablir la discipline. Ils condamnaient à tout propos. On connaît des cas de soldats condamnés à mort pour avoir arraché une pomme dans un verger ou avoir encouragé quelque « crime » de ce genre. Les masses ouvrières et paysannes de l'armée répondaient à cette offensive gouvernementale par des contre-offensives dans lesquelles l'action spontanée était peu à peu remplacée par une action organisée. Les soldats organisaient des meetings, arboraient des bannières portant ces mots : « A bas la guerre ! A bas le ministère capitaliste ! », se refusaient à partir pour le front et suivaient les bolchéviks. L'influence de ceux-ci s'accroissait de jour en jour. Cette lutte de classe dans l'armée révélait aux soldats la nature du Gouvernement Provisoire, ses aspirations et ses fins; elle leur ouvrait les yeux sur le rôle des menchéviks et des s.-r. qui s'attachaient à justifier le Gouvernement Provisoire, à engager l'armée dans une offensive, à rallumer la guerre. Le fossé se creusait entre la troupe ouvrière et paysanne et le Gouvernement Provisoire, entre la troupe et les partis petits-bourgeois, menchéviks et s.-r. Les bataillons se ralliaient l'un après l'autre au bolchévisme.

Cette évolution s'accentua surtout après le coup de force malheureux de Kornilov. L'armée n'y vit pas que l'aventure d'un général, elle en comprit fort bien le caractère social et la portée. Kornilov représentait les généraux, la bourgeoisie désireuse de maîtriser l'armée et de s'en servir, et, répondant à Kornilov, la troupe proclama clairement de quel côté elle se rangeait. Elle ne fit, en suivant les bolchéviks et en posant à son tour la question du pouvoir, que traduire les aspirations de tous les prolétaires et paysans de Russie. Mais c'est surtout la guerre qui la mit aux prises avec la bourgeoisie. La troupe ouvrière et paysanne aspirait non seulement à se soustraire à l'emprise de la bourgeoisie, à ne plus se battre pour la bourgeoisie et dans l'intérêt de celle-ci, mais encore à sortir de la guerre et par là-même à terminer la guerre. A partir des premières minutes de la révolution de février la lutte s'engage au front à la fois contre la guerre et contre le Gouvernement Provisoire qui veut la continuer. Cette lutte se traduit par la fraternisation. Dès le début de mars des rapports spéciaux marquent la progression, au front, de la fraternisation. Il faut, dit Lénine, transformer la fraternisation en un mouvement conscient et organisé qui donnera aux prolétaires la possibilité de prendre le pouvoir dans tous les pays belligérants.

Dès la première heure de la révolution, les bolchéviks s'étaient demandé comment finir la guerre. « On ne peut pas, écrivait Lénine dans la résolution sur la guerre adoptée par la conférence d'avril, terminer la guerre par le simple refus des soldats de la continuer, par la simple cessation des hostilités du côté de l'un des belligérants ». Il fallait arracher le prolétariat tout entier à la guerre impérialiste. La fraternisation était à cet égard, de l'avis des bolchéviks, le plus sûr moyen, puisqu'elle transformait les armées prolétariennes du front, qui s'entretuaient la veille, en une seule armée internationale dont la destruction de la bourgeoisie devenait l'objectif. Le Gouvernement Provisoire et le commandement réprimaient la fraternisation pour garder l'armée en main et continuer la guerre, pour affermir leurs positions et celles aussi des bourgeoisies d'Allemagne et d'Autriche avec lesquelles ils étaient en guerre. La lutte contre la fraternisation devenait une action internationale de la bourgeoisie, action semblable à la fraternisation même du côté du prolétariat. La fraternisation était dirigée contre la bourgeoisie du monde entier. La bourgeoisie russe en la réprimant défendait les intérêts de la bourgeoisie universelle. Et cette lutte contre la fraternisation, pour l'autorité dans l'armée, révélait de mieux en mieux aux larges masses prolétariennes et paysannes le vrai caractère social du gouvernement provisoire des menchéviks et des s.-r., le caractère de leurs mots d'ordre, de leurs aspirations, de leurs revendications. La troupe engageait de plus la lutte avec les agents de tout grade du Gouvernement Provisoire et passait en masse au bolchévisme. L'accroissement d'influence de notre parti se traduisit, malgré les persécutions, les menaces d'arrestation et de fusillades, par le développement de nos organisations à l'armée ; elles s'emparaient peu à peu des comités de compagnies, de bataillons et de régiments. Le cri « A bas la guerre », « A bas le Gouvernement Provisoire », l'idée de la nécessité de la conquête du pouvoir s'imposaient à des millions de prolétaires et de paysans en armes. Les intérêts des uns et des autres s'enchevêtraient dans l'armée russe. Les uns et les autres y luttaient pour la fin de la guerre et pour la terre. De sorte que la machine militaire de la bourgeoisie tremblait sous les coups conjugués des prolétaires et des paysans ; mais l'influence et l'organisation des bolchéviks empêchaient les masses de soldats de se désagréger ; gardant leur organisation politique militaire, elles se situaient à mi-chemin entre l'appareil d'oppression de la bourgeoisie et l'appareil de domination des prolétaires et des paysans. L'armée échappait à la bourgeoisie, brisait l'ancien commandement et se rassemblait autour de ses organisations de classe.

M. Verkhovsky, ministr de la guerre du Gouvernement Provisoire sous Kérensky, témoigne qu'au début d'octobre les masses de soldats se détachaient résolument du gouvernement. « Nos malheurs, disait ce ministre dans son rapport au préparlement, grandissent au front et à l'arrière. Depuis le 1ᵉʳ octobre il a fallu recourir 16 fois à la force des armes pour réprimer à l'arrière des explosions anarchiques, — et cela en neuf jours. L'aventure Kornilov a fait un tort immense à la confiance qui commençait à peine à s'établir entre le commandement et l'armée. Les masses ont désormais le sentiment qu'on ne peut plus croire à personne, puisque le commandant en chef se bat avec le Gouvernement Provisoire. Cette tragique histoire nous a fait un tort inappréciable et l'effervescence anarchique que nous observons au front et à l'arrière en est le résultat [1]. »

Le témoignage de Verkhovsky nous est précieux. Le délabrement de l'armée, sa désagrégation, attestait que le sol se dérobait sous les pieds du Gouvernement Provisoire. Un des instruments les plus nécessaires de la domination de tout Etat était en voie de destruction. Ce témoignage nous indique aussi que le mécontentement des masses ouvrières et paysannes se manifestait fortement parmi les troupes. L'armée paysanne qui, tout récemment encore, donnait de fortes majorités aux socialistes révolutionnaires, les lâchait maintenant. Les comités de compagnies, de bataillons, de régiments, de batteries, bref ses organisations de base passaient, comme celles des ouvriers, au bolchévisme.

L'armée (la masse des soldats, plus exactement) échappait au gouvernement, cessant de lui être un appui pour lui devenir un danger. Les éléments paysans lâchèrent les derniers le gouvernement, lorsqu'ils n'eurent plus aucun espoir de voir leurs revendications satisfaites par les partis socialistes petits-bourgeois. Et la condition de succès de la révolution, inlassablement affirmée par Lénine, fut réalisée. Les flots de la révolution paysanne-bourgeoise-démocratique se confondirent avec ceux de la révolution prolétarienne.

Le parti bolchéviste suivait très bien le développement de la situation révolutionnaire et l'action des causes qui

---

1. *Rouskoié Slovo*, n° 232, octobre, 1917.

rendaient inévitable la rupture entre les masses laborieuses et le Gouvernement Provisoire. Dès son arrivée en Russie Lénine avait déclaré dans ses discours et ses écrits que la révolution devait passer de sa première étape à la seconde. « *Le mot d'ordre, la tâche du moment* — disait Lénine dès mars 1917 — *ce doit être : ouvriers, vous avez fait, dans la guerre civile contre le tsarisme, des prodiges d'héroïsme prolétarien, populaire. Vous devez accomplir des prodiges d'organisation prolétarienne et populaire afin de préparer votre victoire dans la deuxième étape de la révolution* ». C'est-à-dire afin de prendre le pouvoir. A la conférence d'avril et du parti bolchéviste, dans ses écrits ultérieurs, Lénine avait clairement défini les conditions nécessaires à la prise du pouvoir par les Soviets. La situation objective de la révolution russe faisait de la question du pouvoir la question capitale. « La guerre est implacable, écrivait Lénine, elle pose le dilemme avec une netteté impitoyable : ou périr ou rejoindre les pays avancés et les dépasser, même dans l'économique. Cela nous est possible car nous disposons de l'expérience d'un grand nombre de pays avancés ainsi que des résultats de la technique et de la culture. La protestation qui grandit en Europe contre la guerre et l'attente de la révolution mondiale devenue imminente nous apportent une aide morale. Nous sommes soulevés, stimulés par une liberté révolutionnaire-démocratique, rare pendant une guerre impérialiste. Périr ou nous lancer à toute vapeur en avant, c'est ainsi que l'histoire a posé la question[1].

Lénine avait écrit en 1905 que le succès de la révolution russe était conditionné par l'union du mouvement ouvrier et du mouvement paysan et par l'aide de la révolution dans les pays d'occident. A cette heure, il n'était pas douteux qu'un processus révolutionnaire se développait en

---

1. *Œuvres*, t. XIV, 2e vol., p. 213.

Europe occidentale, tandis que les flots du mouvement révolutionnaire russe, ceux du mouvement paysan et ceux du mouvement ouvrier, montant de plus en plus haut, se confondaient. Cette conjonction des vagues révolutionnaires se précisa décidément en septembre. À la même époque (septembre) les processus révolutionnaires se firent sentir en Europe, en Allemagne surtout. Les masses ouvrières et paysannes étaient déjà aux prises en Russie avec les dernières forces, d'ailleurs médiocres, du Gouvernement Provisoire.

Le passage de millions de prolétaires et de paysans sous les drapeaux du bolchévisme assignait pour tâche au parti de choisir le moment de l'insurrection. Pendant toute l'année 1917, le parti avait poursuivi inlassablement son travail parmi les prolétaires et les paysans, les appelant à l'insurrection et les préparant à la lutte pour le pouvoir. En septembre le développement de l'influence du parti, le développement de l'armée révolutionnaire dont il dispose se manifeste de plus en plus nettement. Le parti dirige le prolétariat entier ; les masses paysannes viennent à lui. Son organisation grandit comme son influence, comme sa vigueur, comme la fermeté de ses cadres. Ainsi se pose devant le parti la question du moment où il devra passer à la réalisation des appels et des mots d'ordre qui rallient à ses drapeaux des millions d'hommes.

En septembre et octobre, Lénine pose opiniâtrement devant le parti le problème de l'insurrection. Il écrit le 7 octobre 1917 dans son article *La crise est mûre* : « Tout l'avenir de la révolution russe est en jeu, tout l'avenir de la révolution ouvrière internationale et de la lutte pour le socialisme est en jeu, la crise est mûre ». Lénine voyait les symptômes de la maturité de la crise dans le rassemblement autour du parti de l'armée prolétarienne, dans la lutte déclarée des paysans contre le Gouvernement Provisoire, dans l'accroissement de forces et d'organisation des bolchéviks. Les forces du Gouvernement Provisoire fondaient cependant et sa nature sociale se révélait de mieux en mieux. Lénine précisait dans le même article que le parti disposait de tous les éléments nécessaires à l'insurrection. Il avait les masses prolétariennes. Il avait les masses paysannes révolutionnaires. Il avait l'élan d'organisation, sa vigueur arrivait à son apogée tandis que les forces de l'ennemi étaient en pleine désagrégation. Des millions de prolétaires et de paysans ainsi que la petite bourgeoisie et des foules d'hésitants se détachaient du Gouvernement Provisoire et, quand ils ne passaient pas encore au prolétariat, créaient des difficultés au gouvernement, désagrégeaient les organisations de la bourgeoisie. Le développement des forces révolutionnires posait catégoriquement la question de l'insurrection, montrant que l'heure était venue. La crise n'était pas seulement mûre en Russie, toute la situation internationale attestait à la révolution que l'heure de l'action était venue. Les forces révolutionnaires croissaient de même dans les autres pays belligérants. La bourgeoisie russe, dans son désarroi et son déclin, se cherchait déjà des alliés dans la bourgeoisie allemande afin d'écraser la révolution d'un commun effort. La solution de la crise mondiale se réduisait à la solution de la crise russe.

Mais il ne suffisait pas au parti d'établir le moment de la maturité de la crise. Cette constatation faite, la question de l'insurrection reconnue actuelle et pratiquement posée, il fallait aborder la préparation concrète du soulèvement, il fallait élucider quelles seraient les attitudes envers lui. Lénine, au moment où il affirmait que la crise était mûre, avait déjà élaboré et élucidé les principes fondamentaux de l'insurrection. Dès septembre il écrivait à Smilga : « L'histoire a fait maintenant de la question militaire une question politique essentielle ». Dans cette lettre comme en plusieurs autres Lénine exposait et développait l'attitude des bolchéviks à l'égard des problèmes de l'insurrection et le plan concret que l'on pouvait et devait appliquer, dans les conditions où se trouvait la Russie.

L'insurrection bolchéviste, disait Lénine, différerait sensiblement des complots et des soulèvements blanquistes. L'insurrection est un art. Il faut d'abord, c'en est une des premières règles, bien choisir le moment, déterminé par la disposition des forces sociales — des classes — qui vont au combat. L'insurrection, dit Lénine, doit se fonder non sur un complot, non sur un parti mais sur la classe avancée. Elle doit avoir pour base l'élan révolutionnaire du peuple ; elle doit s'organiser et se développer au moment où elle a l'écrasante majorité de la population. Elle doit enfin se produire à un tel tournant de la révolution que les masses populaires aient atteint l'apogée de leur organisation, que leur activité soit débordante tandis que l'activité des organisations de l'ennemi et des amis équivoques de la révolution fléchit. L'insurrection, disait encore Lénine, « doit se produire à un tel tournant dans l'histoire de la révolution montante que l'activité des éléments avancés du peuple soit à son apogée, les hésitations des amis équivoques, faibles et indécis du prolétariat étant à leur comble ». Marx, disait-il, nous enseigne que l'insurrection est un art et que l'on ne joue pas avec elle. Le moment choisi, et c'est le moment de l'essor des forces révolutionnaires, marcher à fond. On ne joue pas avec l'insurrection, on doit savoir, en la commençant, qu'il faudra, pour vaincre, aller jusqu'au bout.

Au début d'octobre, le prolétariat tout entier s'est rallié aux bolchéviks, reconnaissant avec eux la nécessité du soulèvement et de la lutte pour le pouvoir. Il est suivi de la majorité des travailleurs, des paysans. Cette masse s'organise autour des cohortes de fer du parti qui savent bien ce qu'elles veulent et où elles vont. La possibilité était donc donnée, d'après les bolchéviks et Lénine, d'aborder pratiquement la préparation de la bataille. Lénine analysait dans ses lettres la situation sociale à la fin de septembre et au début d'octobre, indiquait que l'art de l'insurrection ne peut être appliqué que dans des conditions précises qu'il énumérait, notamment dans ses *Conseils d'un spectateur* écrits le 8 octobre 1917 : « Désigner à l'avance les points où l'on porterait les coups décisifs, disposer à l'heure et au point décisifs des forces sensiblement supérieures à celles de l'ennemi ; ces forces, les préparer et les organiser. Tâcher de surprendre l'ennemi. Tâcher d'obtenir constamment des succès même de peu d'ampleur. Agir avec la plus grande énergie, passer à tout prix à l'offensive. L'insurrection commencée, agir avec la plus grande résolution, passer absolument à l'offensive. La défensive est la mort de l'insurrection ». Lénine, exposant ce plan concret de l'insurrection, recommandait de concentrer à Pétrograd les plus grandes forces et à cette fin d'y appeler les révolutionnaires de Cronstadt et de Réval. Prendre Pétrograd par un effort combiné de l'extérieur et de l'intérieur. « Occuper à tout prix, quelles que soient les pertes, le téléphone, le télégraphe, les gares, les ponts, bref les points stratégiques de la capitale, cerner les centres de l'ennemi, le maintenir dans ces centres, assiéger les écoles militaires, etc ». Il faut, écrivait Lénine, former des éléments les plus résolus de nos troupes de choc et aussi des meilleurs marins, de petits détachements destinés à occuper tous les points importants et à participer à toutes les opérations décisives. Former des détachements d'ouvriers d'élite pour cerner et attaquer les centres de l'ennemi, les écoles militaires, le télégraphe, le téléphone, et leur donner pour mot d'ordre de périr jusqu'au dernier mais de ne pas laisser passer l'ennemi. « Le succès de la révolution russe et de la révolution mondiale, disait Lénine, dépend de deux ou trois jours. »

Ainsi, en septembre et au début d'octobre, le parti bolchéviste ne se bornait pas à analyser la situation des forces révolutionnaires, il établissait à la fois la théorie et le plan pratique de l'insurrection. De l'audace, encore de l'audace et toujours de l'audace ! voilà ce qu'il fallait pour vaincre étant donnée l'analyse nette et précise de la situation. L'accroissement formidable des forces insurrectionnelles et le succès du soulèvement même, comme disait Lénine peu de temps après la victoire, ne s'expliquaient pas seulement par la réussite de l'œuvre d'organisation des masses prolétariennes et paysannes poursuivies par les bolchéviks, par une bonne préparation au combat, par le choix heureux du moment, par la belle énergie de l'action, mais encore par la réalisation, en Russie, d'une série de conditions particulières. L'insurrection d'octobre permettait de réunir la prise du pouvoir à la fin de la guerre impérialiste. Elle bénéficiait du duel mortel des forbans impérialistes qui ne surent pas, qui ne pouvaient pas, se coaliser tout de suite contre le pouvoir des soviets. La vaste superficie du pays lui permettait de supporter une longue guerre civile. Les profondes aspirations démocratiques bourgeoises et révolutionnaires des paysans satisfaites d'un seul coup devaient sceller indissolublement l'alliance des prolétaires et des ruraux. La prise du pouvoir par le prolétariat permit seule, en effet, de satisfaire les revendications démocratiques bourgeoises des masses paysannes. Ces conditions facilitèrent la révolution d'octobre en Russie, firent sa force, assurèrent sa stabilité, entraînèrent au moment choisi avec justesse par le parti des millions de prolétaires et de paysans. Facteurs essentiels, la fermeté et l'unité des organisations du parti, l'énergie et la décision dans l'action, furent apportées aux masses par le parti du prolétariat.

Résumons ; le parti devait se rendre un compte exact de la situation révolutionnaire, créer des organisations exprimant et canalisant l'énergie révolutionnaire accumulée, créer les organes de direction et d'exécution du soulèvement.

La question de l'insurrection était vivement débattue dans le parti. Le Comité Central du parti ouvrier social-démocrate de Russie (bolchévik) lui consacra une séance le 10 octobre 1917. Y assistèrent Lénine, Zinoviev, Kaménev, Trotsky, Staline, Sverdlov, Ouritsky, Dzerjinsky, Kollontaï, Boubnov, Sokolnikov, Lomov. Au nombre des quatre questions inscrites à l'ordre du jour figurait le rapport sur la situation actuelle, présenté par Lénine (dont le nom est soigneusement gratté dans le procès-verbal). Lénine constata que « l'on observait depuis le début de septembre une certaine indifférence à l'égard de l'insurrection. Indifférence inadmissible du moment que nous formulons sérieusement le mot d'ordre de la prise du pouvoir par les Soviets. Il aurait fallu, depuis longtemps porter notre attention sur le côté technique de la question. Il semble que nous avons perdu beaucoup de temps ; or la question est urgente, le moment décisif approche. La situation internationale est telle que l'initiative doit nous appartenir. La retraite projetée jusqu'à Narva et Pétrograd nous oblige à une action résolue. La situation politique nous confirme dans cette conviction. Les 3-5 juin une action décisive de notre part n'aurait pas été couronnée de succès, les masses n'étant pas avec nous. Depuis, nous avons fait du chemin. L'absentéisme et l'indifférence des masses peuvent être expliqués : les masses en ont assez des résolutions et des paroles. La majorité est avec nous. Au point de vue politique la situation est tout à fait mûre pour la transmission du pouvoir. Le mouvement agraire s'oriente dans le même sens car il est clair qu'il faudrait des efforts héroïques pour le réprimer. Le mot d'ordre de la prise des terres est devenu celui des paysans. La situation nous est donc favorable. Il faut en envisager le côté technique. Tout est là. Or, nous sommes enclins, comme les adeptes de la défense nationale, à considérer la préparation systématique de l'insurrection comme une sorte de péché politique. Il serait absurde d'attendre l'Assemblée constituante qui ne sera évidemment pas avec nous ; ce serait compliquer notre tâche ». Lénine, se plaçant au double point de vue du mouvement international et du mouvement russe, posait la question de façon tout à fait pratique. Le Comité Central adopta après quelques débats la résolution suivante :

« Le Comité Central constate que la situation internationale de la révolution russe (la mutinerie de la flotte en Allemagne manifestant avec force la croissance dans toute l'Europe de la révolution socialiste mondiale, et la menace d'une paix entre impérialistes afin d'étouffer la révolution russe), la situation militaire (l'indubitable décision de la bourgeoisie et de Kérensky et consorts de livrer Pétrograd aux Allemands), l'acquisition par le parti prolétarien de la majorité aux Soviets, tout ceci en connexion avec les révoltes paysannes et la confiance que le peuple accorde à notre parti (élections de Moscou) ; et, enfin, la préparation manifeste d'une seconde affaire Kornilov (sortie des troupes de Pétrograd, envoi de cosaques dans la capitale, encerclement de Minsk par des cosaques, etc.) sont autant de faits qui mettent l'insurrection armée à l'ordre du jour. Constatant que l'insurrection armée est inévitable et que l'heure en est venue, le Comité Central invite toutes les organisations du parti à s'inspirer de cette situation en étudiant et résolvant à ce point de vue toutes les questions pratiques (congrès des Soviets de la région du nord, envoi au front de la garnison de Pétrograd, actions à Moscou et Minsk, etc.). » Cette résolution votée à l'unanimité moins deux voix posa pratiquement devant le parti la question de l'insurrection.

Les vues de Lénine sur l'insurrection furent combattues à la séance du 10 octobre par Zinoviev et Kaménev. Ils ne se bornèrent pas à intervenir au Comité Central mais entreprirent une campagne énergique contre la marche à l'insurrection. Ils écrivirent le 10 octobre leur « lettre sur le moment actuel » adressée aux comités de Moscou et de Pétrograd, au Comité régional de Finlande, au Bureau de la fraction bolchéviste du Comité exécutif panrusse des Soviets de la région du nord ; c'était une invitation à combattre la politique du parti. Zinoviev et Kaménev opposaient aux appréciations et à la stratégie de Lénine leurs propres appréciations, leur propre stratégie, leur propre tactique. Lénine et la majorité du parti considéraient que les forces insurrectionnelles étaient prêtes et que l'heure était venue. Zinoviev et Kaménev démontraient qu'il était trop tôt. « Nous sommes profondément convaincus que commencer maintenant l'insurrection c'est risquer non seulement les destinées de notre parti mais aussi celles de la révolution russe et de la révolution internationale ». Lénine considérait que les conditions avaient mûri et que l'insurrection prolétarienne aurait pour elle la majorité absolue du prolétariat et, de façon générale, des travailleurs. Zinoviev et Kaménev déclaraient : « Ni l'une ni l'autre de ces affirmations n'est vraie. Nous n'avons pas la majorité. En Russie nous avons la majorité des ouvriers et un grand nombre de soldats. Tout le reste est douteux. » Ne voyant pas de forces suffisantes pour appuyer et effectuer l'insurrection en Russie Zinoviev et Kaménev contestaient aussi que l'insurrection eût un appui suffisant dans le prolétariat international. Dire que la majorité du prolétariat international appuierait l'insurrection prolétarienne en Russie était, à leur avis, erroné : « il n'en est malheureusement pas ainsi », écrivaient-ils. Considérant que les forces n'étaient pas suffisantes, que le moment n'était pas venu,

Zinoviev et Kaménev pensaient d'autre part que le Gouvernement Provisoire et la bourgeoisie disposaient de forces importantes. Les partisans de l'insurrection, affirmaient-ils, sous-estiment les forces du Gouvernement Provisoire ; « celles de la bourgeoisie sont plus grandes qu'elles ne paraissent ». Mettre dans ces conditions l'insurrection à l'ordre du jour, c'était à leur avis tomber dans une profonde erreur. « Cette façon de poser le problème de la prise du pouvoir par le pouvoir prolétarien, maintenant ou jamais, est historiquement erronée ». Kaménev et Zinoviev professaient cependant que les perspectives de l'avènement au pouvoir s'ouvraient devant le parti. Le deuxième congrès des Soviets allait se réunir, on pourrait rallier autour de lui tous les éléments prolétariens et demi-prolétariens, toutes les organisations. Le travail du parti au sein des masses organiserait les forces et démasquerait la politique de trahison des ennemis de la révolution. Les forces du prolétariat grandiraient et, s'étant organisé il pourrait prendre le pouvoir. Mais agir en ce moment ce serait, disaient-ils, s'exposer aux coups de la bourgeoisie contre-révolutionnaire qui serre les rangs et que suivront les masses de la petite bourgeoisie. Poser en ce moment la question de l'insurrection c'était suivre une « politique funeste ». La lettre de Kaménev et Zinoviev, portée à la connaissance des organisations du parti ne convainquit personne. Leur campagne tenace contre l'insurrection, Zinoviev et Kaménev la continuèrent en prenant la parole à une assemblée de militants responsables de Pétrograd où ils tentèrent de faire voter leur propre résolution contre celle du Comité Central.

La question de l'insurrection fut débattue à la conférence des militants à Pétrograd et en séances des comités de Pétrograd et de Moscou ; on envisagea les moyens de mener l'action à bonne fin. A l'assemblée des militants res-

ponsables de Pétrograd, qui se réunit à la Douma municipale de Liesnoé, Lénine prit la parole en qualité de rapporteur. Zinoviev et Kaménev lui répliquèrent. On passa
ensuite à l'information. Podvoisky informa sur l'organisation militaire du Comité de Pétrograd. D'après Chliapnikov, qui a donné un récit de cette réunion, Podvoisky « ca-
ractérisa l'état d'espri de la garnison de Pétrograd comme
nettement favorable à l'insurrection ». Chliapnikov lui-
même et Kalinine informèrent sur l'état d'esprit des ouvriers. Les débats gravitèrent autour des possibilités pratiques de l'insurrection « mais on tenta aussi, écrit Chliapnikov, de critiquer la méthode insurrectionnelle du point
de vue marxiste ». Répondant à ces voix Lénine exposa les
vues de Marx sur l'insurrection considérée comme un art
et, s'aidant d'exemples appropriés, réfuta l'accusation de
blanquisme. « Je ne me souviens pas, écrit Chliapnikov, de
la résolution ou de la décision adoptée mais elle fut conçue
dans l'esprit des propositions de Lénine, approuvant l'attitude du Comité central, et votée à une très grande majorité » [1].

La question de l'insurrection désormais étudiée conformément à la résolution du Comité Central fut débattue le
15 octobre au Comité de Pétrograd. Après le rapport d'information, plusieurs camarades intervinrent. Le discours
d'Evdokimov fut surtout intéressant : « Si nous n'agissons
pas à présent, dit-il, nous serons morts pour la révolution.
Quoi qu'on puisse dire l'action est inévitable : l'état d'esprit
des masses changera peut-être demain, mais les masses ne
sont pas satisfaites en ce moment, la révolution ne leur
ayant rien donné. Elles ne sont pas encore battues puisqu'elles n'ont encor elivré à la bourgeoisie que le combat des

---

1. *La Révolution prolétarienne*, n° 10, p. 13, 14 et 15.

3-5 juillet. Elles peuvent déployer une si grande activité qu'aucune organisation ne sera en état de les retenir. Tout doit être considéré du point de vue de la préparation pratique à l'insurrection » [1]. Ce discours est à noter car il évoque la puissance des masses et témoigne de l'état d'esprit prédominant dans le parti. Des représentants du Comité Central et du Comité de Pétrograd se rendirent dans les faubourgs et au front, préparant les organisations provinciales et militaires à l'application des décisions du Comité Central.

Le bureau régional de Moscou se réunit lorsque ses délégués au Comité Central, Lomov et Jacovleva, furent de retour. Il fut décidé de réunir les délégués de tous les comités de la région afin de s'entendre avec eux sur les moyens d'annoncer en province le commencement de l'insurrection et de signaler le moment de descendre dans la rue. Le Bureau envoya quelques camarades dans la région ; ils devaient se rendre compte des forces disponibles. La question de l'insurrection passait du domaine de la théorie à celui de la pratique.

L'insurrection se préparait. Le mouvement spontané des ouvriers et des paysans entrait dans la voie de l'organisation ; ce sera un des traits caractéristiques de la révolution d'octobre que l'union de la spontanéité et de l'organisation. Le prolétariat et les paysans fournirent la force élémentaire, le parti fournit l'organisation et la direction sur un plan préétabli. Le transfert du pouvoir aux Soviets fut ardemment débattu dans la presse. Les socialistes-révolutionnaires et les menchéviks s'efforcèrent de démontrer que toute tentative de prise du pouvoir par les soviets était d'avance condamnée. « Dès la première tentative d'insurrection bolchéviste — écrivit la *Rabotchaïa Gazéta*, organe

1. *Annales rouges*, n° 2-3, 1922, p. 330.

du Comité Central menchévik, les voyous, l'écume de la population, toutes les forces contre-révolutionnaires aux aguets apparaîtront au premier plan et la Russie martyrisée, vivant dans une atmosphère de guerre civile chaotique et anarchique, menacée par l'ennemi qui est aux portes de Pétrograd se jettera dans les bras du premier Bonaparte venu, d'un Minine [1] ou d'un Pojarsky annoncé par la *Novaïa Rossia*. Est-ce bien ce que veulent les partisans de Lénine ? » [2].

Le transfert du pouvoir aux Soviets fut également l'objet de discussions passionnées parmi les ouvriers et les soldats. Quant au Gouvernement Provisoire il se préparait, dans la capitale comme en province, à la résistance. Il prescrivit aux autorités locales des mesures énergiques. Le ministre de l'intérieur Nikitine envoyait dans les premiers jours d'octobre aux commissaires régionaux une circulaire dans laquelle il était dit : « Affermissez le pouvoir en vous appuyant sur les administrations autonomes locales et en les stimulant contre l'anarchie. Le pouvoir doit avoir de l'autorité aux yeux de la population. Si la situation locale le permet organisez des comités d'action contre l'anarchie, composés des représentants des municipalités et des provinces, des chefs de garnison, et des représentants des autorités judiciaires. Prenez des mesures urgentes afin d'organiser la milice et d'y encadrer des hommes d'élite sûrs, ayant fini leur temps de service ou mis en congé spécial en vertu des ordres adressés par le ministre de la guerre aux commandants des régions militaires ».

On se mit, conformément à cette circulaire, à organiser dans les provinces des bataillons spéciaux. A Nijni-Nov-

---

1. Le boucher Minime et le prince Pojarsky délivrèrent en 1612 Moscou des Polonais. Ils étaient les chefs d'une grande « levée nationale ». (*N. du Tr.*)
2. *Rabotchaïa Gazéta*, n° 181, 8 oct. 1917.

gorod les autorités militaires fournirent des armes aux comités organisés en vertu des instructions de Nikitine. La résistance à l'insurrection et la formation d'unités de self-défense et de répression furent discutées un peu partout. La Société de la Bourse de Nijni-Novgorod assigna 10.000 roubles aux achats d'armes ; la propagande était active dans les régiments les plus sûrs ; on leur faisait voter des résolutions de confiance au Gouvernement Provisoire. Un exemple: à Nijni vers le 20 octobre une assemblée générale de soldats et d'officiers d'un bataillon scolaire adoptait une résolution blâmant tout mouvement contre le Gouvernement Provisoire ; les assistants se déclaraient prêts à soutenir par tous les moyens le Gouvernement Provisoire dans sa lutte contre l'anarchie quelle qu'elle soit » [1].

Les mêmes préparatifs, mais sur une plus grande échelle, avaient lieu à Pétrograd. Le Gouvernement Provisoire essayait, comme on l'a vu, de désarmer les garnisons de Pétrograd et de Cronstadt et d'en envoyer une partie au front; d'autre part il appelait du front des régiments sûrs afin de les employer contre l'insurrection éventuelle. « Le gouvernement, écrit Kérensky, se préparait à écraser l'émeute mais, ne comptant pas sur la garnison de Pétrograd complètement démoralisée par l'affaire Kornilov, il cherchait d'autres moyens d'action. J'avais donné l'ordre d'envoyer d'urgence des régiments du front à Pétersbourg, et les premiers échelons devaient arriver du front Nord à la capitale le 24 octobre » [2].

L'envoi des régiments de la garnison de Pétrograd au front était donc bien une mesure politique, stratégique ; le front avait si peu besoin d'être renforcé que l'on pouvait en rappeler des troupes. Il s'agissait tout simplement de

____

1. *Documents sur l'histoire du mouvement révolutionnaire*, Nïjni, t. III, p. 75.
2. KÉRENSKY: *Gatchina*, p. 2.

remplacer des régiments révolutionnaires par d'autres, fidèles au gouvernement. Le gouvernement — selon Kérensky — ordonnait en même temps au commandant de la région militaire de Pétrograd, le colonel Polkovnikov, de préparer un plan de répression du mouvement insurrectionel. Le gouvernement ne dédaignait pas non plus, d'armer la milice et de préparer la police. « On a procédé hier (le 19 octobre), écrivit la *Rabotchaïa Gazéta*, à l'armement de la milice ; des revolvers lui ont été distribués ; six cents soldats d'une fidélité éprouvée au Gouvernement Provisoire y ont été versés »[1]. La Douma municipale de Pétrograd étudia vers le 20 octobre les mesures à prendre en cas d'insurrection. Diverses organisations supérieures de l'armée assurèrent le gouvernement de leur fidélité et lui offrirent le concours des baïonnettes de leurs mandants. On voit que le Gouvernement Provisoire se préparait sérieusement à livrer bataille aux bolchéviks.

Les mesures prises par le gouvernement disaient assez clairement qu'il ne se sentait pas en sûreté et que seuls les éléments hostiles aux ouvriers et aux paysans pouvaient le défendre. C'est aux frais des Bourses locales, c'est-à-dire de la bourgeoisie, que les Doumas municipales tentèrent d'organiser la résistance à Pétrograd comme en province. Les régiments et les bataillons spéciaux de l'ordre appartenaient aux classes privilégiées. Les organisations de l'armée qui se déclaraient prêtes à soutenir le gouvernement n'avaient pas de liaison vivante avec leurs mandants et n'avaient pas été réélues depuis longtemps. Elles n'exprimaient plus l'opinion de leurs commettants.

Il n'y avait ni unanimité ni accord profond parmi ceux qui pouvaient défendre le gouvernement, c'est-à-dire entre la grande bourgeoisie et certains éléments des classes

---

1. *Rabotchaïa Gazéta*, n° 190, du 19 oct. 1917.

moyennes. La grande bourgeoisie, continuant à marcher dans le sillage de Kornilov, était hostile au Gouvernement Provisoire et si elle était disposée à livrer une bataille aux ouvriers et aux paysans ce n'était certes pas pour défendre le pouvoir chancelant de Kérensky. Le journal réactionnaire *Novaïa Rouss* écrivait dans les premiers jours d'octobre : « La Russie vogue toutes voiles déployées vers le salut ; elle passera sur toutes les formes. Un second gouvernement se constitue au grand jour à Moscou ; les vrais Russes se rassemblent là, le peuple organise lui-même le centre que le gouvernement actuel de Pétrograd, le gouvernement du délire, le gouvernement Kérensky s'est révélé impuissant à organiser. Moscou réclamera Kornilov et vous le lui rendrez ; n'attentez donc pas à la Russie ! » D'après Kérensky les réactionnaires songeaient à laisser les bolchéviks renverser le Gouvernement Provisoire, quitte à se défaire après de cette plèbe insurgée. Le colonel Polkovnikov, chargé d'arrêter le plan de la résistance à l'insurrection bolchéviste à Pétrograd, aurait joué double jeu, mais bien que Kérensky s'en fut aperçu au dernier moment le Gouvernement Provisoire ne réussit pas à réunir dans la capitale assez de forces pour se maintenir au pouvoir.

CHAPITRE VI

La lutte pour les premières positions de la révolution d'Octobre : défense de la garnison de Pétrograd, question du IIe Congrès des Soviets. — Octobre : l'activité du C.R.M.; la lutte avec le Gouvernement Provisoire, l'insurrection de Pétrograd.

Il devint évident, en Octobre, aux yeux de tous que les jours de l'insurrection étaient venus. Le Gouvernement Provisoire, se rendant compte que la préparation insurrectionnelle était de plus en plus réelle se préparait fiévreusement, avec l'aide des menchéviks et des s.-r., à la résistance. Les menchéviks et les s.-r. tentèrent de tirer parti contre l'insurrection de la légalité soviétique. Supposant que la prise d'armes pourrait être rattachée au deuxième Congrès des Soviets, ils mirent l'appareil officiel des soviets et celui de leur parti en campagne contre l'idée même du deuxième Congrès. Au Congrès des Soviets ils opposèrent l'Assemblée constituante. A la veille de la réunion de la Constituante le Congrès serait, disaient-ils, superflu. Cette campagne avait pour but de différer sous l'égide de la Constituante le deuxième Congrès et d'en diminuer les forces. Seules les organisations centrales des deux partis menchéviks et s.-r. s'inspirèrent en Russie de cette politique. Les organes centraux des Soviets, les soviets du front, les soviets régionaux, qui n'avaient pas été réélus depuis longtemps et se trouvaient encore aux mains des menchéviks et des s.-r.

soutinrent cette politique qui fut aussi celle du Comité Exécutif panrusse des Soviets.

La majorité de ce Comité élu par le premier congrès ne pouvait compter que sur les milieux dirigeants des organisations du front. Ce rapport des forces se manifesta nettement dans la lutte pour ou contre la convocation du deuxième congrès.

Les soviets des centres ouvriers : Ivanovo-Vozniessensk, Lougansk, Chouy, Kiev, Omsk, Vladimir, Barnaoul, etc. furent pour ; les organisations de base de l'armée se prononcèrent dans le même sens et aussi pour la prise du pouvoir par les soviets ; les organisations centrales de l'armée furent d'un avis opposé. Les Comités Exécutifs du front occidental, du front du Caucase, le Comité d'Armée de la XIe armée adoptèrent la même attitude. Il est intéressant de noter que ces divers organes manifestaient à la fois, en adoptant des résolutions contre le deuxième congrès, leur éloignement complet des masses dont ils n'exprimaient plus la volonté et les aspirations, et les intentions des goupements politiques qui les dirigeaient. Le Comité de la XIe armée déclara, par exemple, « considérer qu'il aurait fallu, pour que l'armée fut bien représentée, procéder à la réélection de tous ses organes. Mais ce serait désorganiser les élections à la Constituante. Aussi le Comité d'armée considère-t-il le Congrès des Soviets comme inopportun avant la fin des élections à l'Assemblée constituante et s'en remet-il aux Comités de corps pour trancher la question » [1]. Cette déclaration nous révèle à l'improviste la portée réelle de toutes les interventions des organisations centrales de l'armée. Elles étaient loin de bien représenter celles-ci et s'en rendaient nettement compte. Les liens étaient rompus entre elles et la troupe. Mais n'exprimant plus l'opinion de la

---

1. *Izvestia du Comité Exécutif Central*, n° 149, 1917.

troupe c'est-à-dire des ouvriers et des paysans sous l'uniforme elles tentaient de lui imposer la leur. Le Soviet de Députés soldats de la XIIe armée écrivait dans sa résolution : « La signification de la réunion du congrès des Soviets à la veille de celle de l'Assemblée constituante ne peut qu'être dans l'usurpation des pouvoirs et des droits de l'Assemblée constituante et par conséquent du peuple entier. Cette tentative inadmissible d'usurpation des droits de l'Assemblée constituante discréditerait les soviets, centre de la révolution, qui ont encore à jouer à l'avenir un rôle immense »[1]. On voit nettement pour quelle raison les s.-r. et les menchéviks combattaient la réunion du deuxième Congrès des Soviets.

L'accroissement d'influence des bolchéviks et leur main-mise sur les organisations soviétiques et militaires n'étaient mystère pour personne ; la composition du deuxième Congrès qui devait donner aux bolchéviks une majorité absolue n'était pas mystère non plus. Il fallait s'attendre à ce que le deuxième Congrès donnât une forte majorité aux partisans du pouvoir des soviets. C'est pourquoi les menchéviks et les s.-r. travaillaient à en empêcher la réunion. Les organisations soviétiques, traduisant l'état d'esprit des masses prolétariennes et paysannes, passaient des menchéviks et des s.-r. aux bolchéviks non sans protester contre l'attitude du Comité Exécutif panrusse des Soviets. C'était la preuve que les masses prolétariennes et paysannes étaient avec les bolchéviks. Elles comprenaient déjà nettement la nécessité du passage du pouvoir aux Soviets et il n'était plus possible de les détourner de cette idée avec quelque mot d'ordre que ce fût.

La lutte pour la réunion du deuxième Congrès des Soviets, la lutte pour y assurer une majorité à notre parti,

---

1. *Izvestia du Comité Exécutif Central*, n° 149, 1917.

la lutte pour la direction du mouvement dans toute la région du nord amenèrent les bolchéviks à organiser à Pétrograd, un congrès régional des Soviets du Nord, appelé à unifier et organiser les forces régionales en créant d'autre part une base qui permit de préparer la réunion du deuxième Congrès panrusse. Le congrès régional du Nord se plaça tout entier sous le drapeau de notre parti, déclarant dans sa résolution du 12 octobre que « le peuple ne peut être sauvé que par le passage du pouvoir aux organes de la révolution, c'est-à-dire aux soviets de députés, ouvriers, soldats et paysans dans les centres comme dans les provinces ». Le congrès régional adopta en outre, le 13 octobre, à l'unanimité, une proposition tendant à « organiser un Comité régional du Nord qui assurerait la réunion du Congrès panrusse des soviets et coordonnerait l'activité de tous les soviets de la région ». Les partisans du deuxième Congrès panrusse recevaient là un sérieux renfort. Cet appui leur était nécessaire car le premier comité Exécutif Panrusse des Soviets qui comprenait fort bien notre tactique et s'était opposé au congrès régional, en contestait les droits et s'opposait à la convocation du Congrès panrusse. La section militaire du Comité exécutif panrusse discutant la question le 20 octobre se prononçait contre le Congrès. Les débats gagnèrent de Pétrograd la province, excitant partout les passions, montrant le rapport des forces et avec qui était la majorité des prolétaires et des paysans.

Le Gouvernement Provisoire, se préparant à affronter la révolution montante, tentait de rassembler les troupes qui lui étaient fidèles, d'organiser sur place des sortes de gardes civiques placées sous l'égide des doumas municipales et d'autres organisations bourgeoises, de former des troupes spéciales, de constituer une milice triée sur le volet, de l'armer et même de recruter des volontaires. Il réunissait à Pétrograd les unités sur lesquelles il croyait pouvoir compter contre les Soviets. Il tentait en même temps d'arracher à la révolution sa force armée en désarmant les garnisons de Pétrograd et de Cronstadt et en en envoyant une partie au front. C'était une tentative de priver la révolution de ses meilleures forces. Le général Tchérémissov exigea l'envoi de la garnison de Pétrograd au front. Cette exigence et les préparatifs de désarmement des forts de Cronstadt montrèrent au Soviet de Pétrograd et à la garnison qui était derrière lui qu'il s'agissait beaucoup moins de tenir le front que de mettre les illusions de défense nationale à profit contre la révolution. La garnison de Pétrograd releva le défi. Le Soviet dirigé par les bolchéviks entreprit une campagne énergique pour le maintien de la garnison à Pétrograd. Répondant à l'exigence formulée par le Gouvernement Provisoire, de replacer la garnison sous les ordres des généraux contre-révolutionnaires, le soviet de Pétrograd décida de constituer un organe susceptible de vérifier au point de vue militaire les raisons invoquées en faveur de l'envoi de la garnison au front. Ces raisons ressortaient-elles de la politique ou de la statégie ? Une sorte d'état-major fut ainsi créé : le Comité révolutionnaire militaire de la garnison de Pétrograd. Le Soviet sanctionna sa composition en séance plénière le 16 octobre 1917. Le Comité révolutionnaire militaire (C.R.M.) participa dès lors à la lutte pour la garnison de Pétrograd, pour les forces révolutionnaires de la capitale, pour leur organisation autour du Soviet. Le C.R.M. arrêta le plan de l'insurrection d'Octobre et en dirigea l'exécution. La question de l'envoi au front de la garnison, qui avait ainsi donné naissance au C.R.M., obligea aussi le Comité exécutif du Soviet à envoyer une délégation à l'état-major du général Tchrémissov afin de se rendre compte de la nécessité de l'envoi des troupes au front. La délégation se rendit à Pskov où elle conféra avec le commandement. En dépit des arguments que lui donnèrent les techniciens militaires la délégation demeura ferme et comprit très bien quelle était la fin véritable de l'envoi des troupes au front.

Le C.R.M. ayant gardé les troupes à Pétrograd dut entreprendre une action énergique afin de s'en rendre maître et de les organiser autour de lui. Le Gouvernement Provisoire tenta de le combattre mais les masses de soldats refusèrent de prêter l'oreille aux menchéviks et aux s.-r. Le C.R.M. fit de l'affermissement de ses liens avec les troupes de la capitale son objet principal. Il nomma dans toutes les unités des commissaires. Il convoqua le 21 octobre en séance extraordinaire les comités régimentaires de la garnison, devant lesquels Trotsky prit la parole. Après le discours de Trotsky une résolution fut adoptée, approuvant la constitution du C.R.M. et lui promettant un concours sans réserve dans toutes les actions tendant à attacher plus étroitement, dans l'intérêt de la révolution, le front et l'arrière.

Ayant assuré sa liaison avec la garnison, le C.R.M. donne le 22 octobre aux troupes l'ordre de n'exécuter les ordres de l'état-major de la place que s'ils sont contresignés du C.R.M. Le C.R.M. désigne à la même heure, en qualité de commissaires, trois camarades chargés de contrôler les actes de l'état-major de la place. Ces commissaires sont munis de mandats ; tous les ordres de l'état-major doivent être contresignés de l'un d'eux. Le colones Polkovnikov, commandant des troupes de la place reçut les délégués du C.R.M., écouta leurs déclarations et se refusa catégoriquement à collaborer avec eux en déclarant « ne reconnaître aucun commissaire et n'avoir besoin d'aucune tutelle ». Les délégués du C.R.M. lui ayant répondu que l'obéissance de la garnison devenait dès lors douteuse reçurent l'assurance que « la garnison était bien en mains et qu'on saurait la diriger comme il le faudrait ». Sur ce, les pourparlers furent interrompus. Le C.R.M. dut prendre d'autres mesures. Ses délégués se rendirent à Smolny où il fut décidé, dans une conférence à laquelle assista Sverdlov, d'informer les organisations du parti dans l'armée de la situation et de confirmer aux troupes la décision de n'exécuter que les ordres contresignés par le C. R. M.

Le 23 octobre le Soviet de Pétrograd réunit à nouveau à Smolny les délégués des régiments. Ils furent informés de l'état des choses et des résultats des pourparlers du C.R.M. avec l'état-major. L'assemblée toute entière approuva le C.R.M. et lui promit un appui sans réserve. La résolution adoptée proclama que la garnison considérait le C.R.M. comme son organe dirigeant. Le refus de l'état-major de se soumettre aux exigences du C.R.M. fut considéré comme une rupture entre le commandement, demeuré aux mains du Gouvernement Provisoire, et la garnison révolutionnaire. Il était notamment dit dans cette motion : « L'état-major de la place a refusé dans la nuit du 22 octobre de reconnaître le C.R.M. et de collaborer avec les délégués de la section militaire du soviet. L'état-major a ainsi rompu avec la garnison révolutionnaire et le Soviet de Députés Ouvriers et Soldats pour devenir un instrument de contre-révolution. Le C.R.M. décline toute responsabilité quant à l'action de la place... Soldats de Pétrograd, le maintien de l'ordre révolutionnaire menacé par les attentats de la contre-révolution vous incombe sous la direction du C.R.M. Aucun ordre non signé du C.R.M. n'est exécutoire ». La rupture fut donc complète entre l'état-major, la garnison et le C.R.M. autour duquel se réunissaient les troupes. Le C.R.M. maître de la situation déclarait l'état-major instrument de contre-révolution. C'était le début de l'insurrection, c'était le commencement de la lutte. Le C.R.M. arrêtait à la même heure le plan de l'insurrection.

La camarade Sadovsky raconte dans ses souvenirs les faits suivants : « Le C.R.M. désigna les 23 et 24 octobre un comité de trois membres afin de diriger les opérations militaires contre le Palais d'Hiver. Ce comité fut formé des camarades Podvoisky, Tchoudnovsky et Antonov-Ovsséenko qui se mirent énergiquement à l'œuvre. Je me souviens comme d'hier de la séance du comité qui se tint chez moi à la chambre n° 10 dans la nuit du 23 ou du 24 octobre. Une grande carte était déployée dans la petite pièce. Antonov était assis sur le lit, Podvoisky et Tchoudnovsky discutaient avec passion de l'attaque du Palais d'Hiver, de l'importance que présentait pour nous la forteresse de Pierre et Paul, de la stratégie à employer : ils désignaient les emplacements de nos forces de terre et de mer, celles-ci sur la Néva » [1].

En même temps que du plan de l'action il fallut s'occuper de l'armement. Les ouvriers manquaient d'armes. Un des plus importants dépôts d'armes était à la forteresse de Pierre-et-Paul qui domine d'ailleurs le Palais d'Hiver. La prise de la forteresse eut fourni des armes et garanti le succès de l'insurrection. La garnison de la forteresse était indécise. Trotsky, relate Antonov-Ovsséenko, eut à ce moment le rôle décisif ; l'intuition révolutionnaire lui suggéra de prendre la forteresse de l'intérieur. « Il est impossible que la troupe ne sympathise pas avec nous », dit-il. Trotsky et Lachévitch se rendirent à la forteresse, y parlèrent dans un meeting et firent voter une résolution approuvant le transfert du pouvoir aux Soviets. Les arsenaux de la forteresse donnèrent 10.000 fusils qui permirent d'armer la garde-rouge du rayon de Vyborg [2].

Le gouvernement provisoire, avons-nous dit, se préparait aussi à la lutte. N'ayant pas réussi à envoyer au front les garnisons de Pétrograd et de Cronstadt il appelait du front des régiments sûrs. Le 24 octobre furent ainsi appelés

---

1. *Révolution prolétarienne*, n° 10, p. 77.
2. *Révolution prolétarienne*, n° 10, p. 126.

un bataillon de choc de Tsarskoïé-Sélo [1], une école de sous-officiers de Pétergof et de l'artillerie de Pavlovsk. Répondant à ces mesures le C.R.M. publia l'ordre suivant : « A tous les comités de régiments, à tous les commissaires de la garnison ! *Le Soviet des Députés Ouvriers et Soldats de Pétrograd est en danger*. Des conspirateurs contre-révolutionnaires ont tenté cette nuit d'appeler des Junkers et des bataillons de choc des environs. Les journaux, *Le Soldat*, la *Voix ouvrière*, sont suspendus. Tenez-vous prêts à l'action. Tout retard dans l'exécution de cet ordre, tout refus d'obéissance sera considéré comme une trahison vis-à-vis de la révolution ». Cet ordre fut publié dans la soirée du 24 octobre. Le C.R.M. envoya des escouades dans les typographies des deux journaux qui reparurent. Le Gouvernement Provisoire essaya alors de couper les communications téléphoniques du C.R.M. ce qui obligea ce dernier à occuper le bureau central des téléphones. — Dans la soirée du 25, les ponts, les gares, la poste centrale, le télégraphe, la banque d'Etat étaient aux mains du C.R.M. Le Gouvernement Provisoire agonisait au Palais d'Hiver. Les institutions gouvernementales avaient été occupées sans combat. Il avait suffi d'y venir. Un camarade décrit en ces termes l'occupation du télégraphe. « Le camarade Dzerjinsky accourut vers 2 heures de l'après-midi comme je procédais à l'enregistrement des délégués de la fraction bolchévik du IIe congrès des Soviets qui ne cessaient d'arriver. Il avait un papier à la main. — « Ordre vous est donné, me dit-il, d'occuper, avec le camarade Letchinsky, le télégraphe. Voici le mandat du Comité militaire révolutionnaire, vous êtes nommé commissaire de la station centrale. Allez-y tout de suite. » — Comment occuper le télégraphe ? demandai-je. — « Le régiment de Keksgolmsky y est de garde et il est avec nous... « J'allai

---

1. Auj. Dietsxoé Sélo. (*N. du Tr.*)

quérir Letchinsky et nous nous mîmes en route. Aucun de nous deux n'avait de revolver. A la centrale le *régiment nous vint en effet en aide et tout fut dit* [1]. »

Dans la matinée du 25 octobre, le C. R. M., le télégraphe occupé, adressa *un appel à tous les citoyens*, annonçant au pays la chute du Gouvernement Provisoire et la prise du pouvoir par le C. R. M. Voici le début de ce document : « Aux citoyens russes ! Le Gouvernement Provisoire est renversé. Le pouvoir gouvernemental est passé au Comité Révolutionnaire Militaire organe du Soviet de Députés Ouvriers et Soldats de Pétrograd, qui est à la tête du prolétariat et de la garnison. La cause pour laquelle le peuple combat — proposition immédiate d'une paix démocratique, abolition de la propriété foncière, contrôle ouvrier de la production, formation d'un gouvernement soviétique — est assurée. Vive la révolution des ouvriers, des soldats et des paysans ! »

Près de 2.000 marins arrivèrent en renfort de Cronstadt à Pétrograd dans la journée du 25. De fait, à Pétrograd, le pouvoir fut pris presque sans combat. On ne se battit qu'autour du Palais d'Hiver où s'était réfugié, sous la protection des junkers et d'un bataillon de femmes, le Gouvernement Provisoire. Quelques coups de canon tirés à blanc par le croiseur l'*Aurore* qui avait remonté la Néva mirent fin à la résistance des ministres. Une période de luttes autrement sérieuses s'ouvrit quand le général Krassnov et ses cosaques se montrèrent sous Pétrograd et quand les écoles militaires tentèrent de se soulever dans la ville même.

Il est intéressant de noter ici quelques traits caractéristiques des événements : l'action organisée, la rigoureuse discipline des partisans du pouvoir des Soviets, le rôle dirigeant du parti. Les événements se déroulèrent d'après un

---

1. *Révolution prolétarienne*, n° 10, p. 95.

plan arrêté à l'avance. Le parti organisa et dirigea la lutte; il fut suivi par la masse ouvrière qui forma la garde rouge. Celle-ci eut un rôle dirigeant dans le mouvement, la masse des soldats la suivit.

L'action des masses du prolétariat de Pétrograd fut le trait le plus caractéristique des événements d'Octobre, noté aussi bien par les ennemis que par les amis de la révolution. Le chef d'état-major des socialistes-révolutionnaires, Krakovetsky, décrit en ces termes ce qu'il vit au centre de la ville autour du Château des Ingénieurs : « Les rues étaient littéralement inondées d'une foule vêtue de noir. Le doute ne me fut pas permis : ce n'étaient pas des soldats, c'était la garde rouge convoquée en hâte, une garde rouge tout à fait malhabile, que je vis charger gauchement les fusils et partir maladroitement à l'attaque vers le palais. C'était une foule grise ramassée à la hâte, mobilisée à la minute... des ouvriers aux vêtements d'hiver élimés... une foule purement ouvrière... venue des usines et des fabriques, ce qu'on appelle le prolétariat...[1] »

Le prolétariat de Pétrograd fut le facteur dirigeant de la révolution. Il s'était jeté tout entier dans la lutte. La force élémentaire se confondit avec la force organisée du parti. Il porta avec lui l'organisation et communiqua sa cohésion aux soldats, réalisant ainsi l'union du prolétariat et des paysans — petite bourgeoisie — dont il était le conducteur. Podvoïsky, qui dirigea les opérations à Pétrograd, a relaté le rôle organisateur que jouèrent les ouvriers parmi les soldats. Le prolétariat comprenait ce qu'il faisait, pourquoi il se battait. Il était ferme, opiniâtre, plein de sang-froid. « Les gardes rouges, dit Podvoïsky, veillaient attentivement aux postes, progressaient par vagues avec une assu-

---

1. M. PODVOÏSKY: *Résultats du procès des prétendus socialistes-révolutionnaires*, p. 19.

rance calme, se montraient vigilants dans les patrouilles. L'attention concentrée et la vigilance de nos premières colonnes sautaient aux yeux. Leurs patrouilles veillaient à ce que les contre-révolutionnaires ne pussent prendre contact avec les soldats [1]. » La révolution d'octobre fut donc à Pétrograd l'œuvre du prolétariat et des masses petites-bourgeoises qui le suivaient. Le prolétariat obéissait aux directives du parti bolchévik. Ce fut le parti qui donna au mouvement spontané des masses la direction et l'organisation.

Le prolétariat se développa et s'affermit, s'organisa, en cours de lutte. L'unanimité et la cohésion régnaient chez lui. Il en était tout autrement parmi les défenseurs du Gouvernement Provisoire. La force, l'unanimité, la cohésion leur faisaient défaut. Des junkers, des sous-officiers, des officiers, des troupes de choc, des éléments bourgeois en un mot, tentèrent de défendre le gouvernement. Ce dernier, au courant des préparatifs insurrectionnels, s'était préparé à y résister mais n'avait pas réussi à désarmer Pétrograd et Cronstadt ; l'appel de plusieurs régiments du front se heurta à la résistance du C. R. M. qui sut répondre à l'attaque par une contre-attaque.

Il n'y eut pas d'unanimité au sein du gouvernement. Le Comité Exécutif panrusse des Soviets et le préparlement se réunirent dans la soirée du 24 octobre. Au Comité Exécutif panrusse, le menchévik Dan prophétisa l'inévitable échec de la révolution prolétarienne. « Les bolchéviks ne pourront pas tenir les promesses qu'ils font aux masses : leur donner du pain, la paix et la liberté. Les masses qu'ils leurrent les renverseront aussi vite qu'ils auront pris le pouvoir... [2] » Les Cassandres menchéviks condamnèrent avec ces prophéties le Gouvernement Provisoire qu'ils privaient

---

1. *Révolution prolétarienne*, n° 10, p. 78.
2. *Izvestia*, n° 207, 1917.

de toute aide au moment de la bataille. Le Comité Exécutif panrusse déclara que la ruine du pays, la politique indécise du gouvernement « le retard apporté à l'application des mesures urgentes » — comme il fut dit dans la résolution du préparlement — avaient favorisé le mouvement. (Le préparlement né de l'Assemblée Démocratique était une institution représentative de la bourgeoisie sans droits définis mais destinée à appuyer le gouvernement Kérensky et à affermir en Russie le pouvoir des classes possédantes). Ayant ainsi condamné le Gouvernement Provisoire, le Comité Exécutif panrusse des soviets et le préparlement l'invitèrent à prendre diverses mesures et notamment à transmettre les terres aux comités locaux des paysans. Les menchéviks et les socialistes-révolutionnaires faisaient ainsi preuve de leur totale incompréhension des causes profondes de la révolution. Tout se réduisait pour eux aux hésitations et aux lenteurs du Gouvernement Provisoire : à quoi ils songeaient à remédier en détachant la petite bourgeoisie, les paysans, du prolétariat. Ils se trompaient ; leurs résolutions affaiblirent encore le Gouvernement Provisoire, assez malheureux sans cela. Les cosaques qui avaient promis leur appui au gouvernement passèrent toute une nuit à seller leurs chevaux sans y réussir et finirent par se disperser ; il ne resta à l'état-major que des hommes d'extrême-droite disposés, d'après Kérensky, à contribuer au renversement du gouvernement afin d'occuper plus tard la place libre. Le gouvernement n'eut plus qu'à lancer des appels au pays en attendant des secours problématiques ; et si les secours n'arrivaient pas, à prévoir l'heure de son arrestation... Le Gouvernement Provisoire appela le 25 octobre la population à « sauver la patrie, la république, la liberté », et publia un oukase du sénat nommant M. Kichkine, qui représentait au ministère la bourgeoisie moscovite, dictateur de Pétrograd. Nomination symbolique. Au moment où la lutte de classe entre dans une phase aiguë, le pouvoir, abandonné de la petite bourgeoisie et succombant sous les coups du prolétariat, perd les derniers restes de son esprit démocratique et oppose à la dictature naissante du prolétariat un dictateur bourgeois. Ce dictateur n'eut d'ailleurs qu'à prononcer quelques discours et à attendre patiemment que le prolétariat le chassât. Le gouvernement qui attendait des secours au Palais d'Hiver ne disposait d'aucune force. Ses défenseurs peu nombreux, se rendaient, se déclaraient neutres, se défilaient. Son ministre président, Kérensky, s'échappa de Pétrograd sous la protection du drapeau américain, afin de chercher du secours. Il n'en trouva nulle part. Nul n'avait plus besoin du gouvernement Kérensky.

Krasnov répondit, seul avec ses cosaques, à son appel. Mais il faut noter que l'attitude des soldats et des cosaques traduisit avec vigueur les origines sociales des uns et des autres. Soldats et cosaques refusèrent de se battre pour le gouvernement Kérensky. Les membres du comité central du parti socialiste-révolutionnaire, Gotz et Feyt, accoururent de Pétrograd au secours de Kérensky, afin de l'aider à réunir des troupes, mais les soldats refusaient partout de marcher contre les ouvriers de la capitale avec lesquels ils se solidarisaient au contraire. Feyt déclarait plus tard au procès des socialistes-révolutionnaires (Moscou 1923) : « Le comité central m'envoya à Gatchina, à Tsarskoié-Sélo et plus loin sur la ligne de la Baltique avec la mission de rassembler les unités de troupes susceptibles de défendre le Gouvernement Provisoire. Je dois dire que je me trouvai partout en présence des mêmes faits qu'à Pétrograd ; je prenais contact avec le comité de garnison, quelquefois avec le comité d'un régiment, je recevais l'assurance que tels ou tels bataillons étaient prêts à marcher. Mais lorsque, quelques heures plus tard, je revenais afin d'emmener à Gatchina ces bataillons, ils refusaient de marcher. » Il en était partout de même. Semenov [1] raconte que Gotz harangua un régiment d'infanterie à Tsarskoé Sélo. « Convaincu d'être bien reçu, le leader socialiste-révolutionnaire débuta avec assurance en se faisant connaître comme le vice-président du Comité Exécutif panrusse des Soviets et comme ayant fait 10 ans de travaux forcés sous l'ancien régime. Mais le bruit commença tout de suite, des cris partirent de tous côtés : Assez ! Assez ! — Gotz changea de ton mais eut beaucoup de peine à finir un discours haché d'interruptions. L'hostilité du régiment envers le Gouvernement Provisoire et, plus encore, à en juger par les interruptions envers la politique de Kérensky à l'armée, était marquée [2]. »

Ces témoignages émanant de socialistes-révolutionnaires qui participèrent à la lutte contre la révolution d'Octobre sont bien caractéristiques, car ils dévoilent l'état d'esprit des paysans et des ouvriers encasernés. L'état d'esprit était le même à Pétrograd et en province, au front et à l'arrière, partout où le Gouvernement Provisoire tenta de réunir des forces. Les soldats ne voulaient pas se battre pour lui, contre les ouvriers, contre le pouvoir des soviets. Kérensky se heurta à cet état d'esprit même dans les régiments qu'il réussit à faire marcher contre Pétrograd. Il vint haranguer les comités de soldats et de cosaques du corps d'armée commandé par le général Krasnov et qui se trouvait à Ostrovo en marche sur Pétrograd. « Deux fois, — écrit Krasnov dans ses mémoires, — le discours du chef suprême de l'armée fut grossièrement interrompu par des cris : « Vous voulez, lui criait-on, vous noyer dans notre sang, vous voulez marcher dans notre sang jusqu'aux genoux ».

---

1. Semenov, ex-terroriste socialiste-révolutionnaire, organisateur des groupes de combat de son parti en 1917-18. (*N. du Tr.*)

2. SEMENOV: *L'Action du parti socialiste-révolutionnaire en avril 1917-18.*

On ne saurait, dans ces conditions, s'étonner que les régiments appelés par Kérensky se fussent déclarés, aussitôt informés, contre le Gouvernement Provisoire et partisans du pouvoir des Soviets. Un bataillon cycliste appelé du front par Kérensky demanda à Smolny de lui envoyer « des délégués afin de lui expliquer la situation actuelle ». — Ces délégués entendus, le bataillon décida de soutenir le II⁰ congrès des Soviets. Une partie de ces cyclistes participa quelques jours plus tard aux opérations dirigées contre Kérensky.

Mais l'armée n'était pas seule hostile au gouvernement. Le personnel technique et les ouvriers du rail ne l'étaient pas moins. Ils s'efforcèrent par tous les moyens de contrecarrer le Gouvernement Provisoire et de faciliter la réunion du II⁰ congrès des Soviets. Les wagons et les trains requis pour le transport des troupes gouvernementales étaient introuvables, les dépêches officielles ne partaient pas. « La formation d'un train — écrit Krasnov — qui demande d'habitude, au plus 10-15 minutes durait des heures entières. Il fallait presser inlassablement les employés, leur envoyer à chaque instant le chef du convoi. La moitié des dépêches ne fut pas expédiée à destination ». Les cosaques mêmes — ce rempart de la réaction — refusèrent en fin de compte de soutenir Kérensky. De sorte que Kérensky et les socialistes-révolutionnaires ne réussirent pas à rassembler des troupes et à les faire marcher contre Pétrograd. Le mouvement de la capitale avait par contre des alliés dévoués et zélés parmi les troupes formées d'ouvriers et de paysans .

Mais, relate Kérensky, si l'on ne réussit pas à faire marcher les troupes contre les travailleurs de Pétrograd, les officiers participèrent volontiers aux opérations contre la capitale, sans du reste cacher leurs opinions. « Notre apparition à Gatchina — raconte Kérensky — attira une grande quantité d'officiers, ce qui donna à notre camp un caractère assez original et indisposa les cosaques, d'autant plus qu'ils entendaient les officiers émettre des idées vraiment trop imbues de fidélité à l'ancien régime [1]. » Si des officiers contre-révolutionnaires voulaient se battre contre le pouvoir des Soviets qui s'organisait à ce moment à Pétrograd, ils ne consentaient du reste pas à se battre sous le drapeau de Kérensky. Lisons Krasnov : « Un soir, à Gatchina, une délégation des officiers de la garnison vint me trouver. — L'armée, me dirent-ils, ne marchera pas avec Kérensky, il n'est pas aimé ; il vous gêne, vous devriez assumer toute la responsabilité de l'action et l'arrêter. » Il y avait donc parmi les adversaires du pouvoir des Soviets des contre-révolutionnaires actifs, organisés auparavant par Kornilov, et il est significatif que les officiers moscovites qui se battirent contre la révolution d'Octobre avaient formé le projet de se retirer en combattant vers le Don afin d'y organiser une base contre-révolutionnaire [2].

Le Gouvernement Provisoire échoua complètement dans sa tentative de rassembler des forces et de lutter pour l'existence. Les travailleurs ne le soutinrent pas, et les éléments bourgeois qui lui vinrent en aide étaient à tout instant disposés à l'arrêter et à lutter pour la restauration complète d'une dictature de la grande bourgeoisie.

---

1. Kérensky: *Gatchina*, p. 21.
2. Vaincus et réduits à capituler, ils se rendirent néanmoins dans le Sud et formèrent autour des atamans des cosaques du Don les premiers noyaux des armées blanches. (*N. du T.*)

CHAPITRE VII

La révolution d'Octobre. Le II° Congrès des Soviets.

La révolution d'Octobre fut une action profondément unanime des masses. Les ouvriers et les paysans prirent le pouvoir sans presque verser de sang. A l'opposé de ce qui s'était passé en février, les masses dirigées par le parti bolchéviste agirent en octobre avec organisation, conformément à un plan étudié d'avance. Chacun savait ce qu'il avait à faire, comment s'y prendre et pourquoi. La révolution d'Octobre fut soigneusement préparée ; on pourrait dire que les bolchéviks l'accomplirent point par point. Les ouvriers et les paysans avaient mis longtemps à en comprendre la nécessité, mais l'accomplissant, ils savaient bien pourquoi ils étaient descendus dans la rue et pour quelle cause ils se battaient. Les vagues du mouvement ouvrier et du mouvement paysan (petit-bourgeois) se confondaient enfin, donnant à la révolution une force extraordinaire.

Dès son début, la révolution d'Octobre porta l'empreinte de cette alliance des ouvriers et des paysans. Ce fut à la fois une révolution prolétarienne et une révolution démocratique bourgeoise ; elle dut satisfaire les intérêts des ouvriers et ceux des paysans .

Le prolétariat fut la force créatrice essentielle de la

révolution d'Octobre. Il était suivi de paysans pauvres qui posaient, eux aussi, la question du pouvoir et que suivaient à leur tour les masses paysannes aspirant à l'abolition des survivances féodales dans les campagnes. De par ses forces motrices, la révolution d'Octobre était donc une révolution prolétarienne, mais dans laquelle la petite bourgeoisie jouait un rôle considérable. De par son contenu, la révolution d'Octobre était une révolution socialiste et aussi une révolution bourgeoise démocratique. La conquête du pouvoir était la fin essentielle poursuivie par le prolétariat et par les paysans les plus pauvres. La transformation socialiste était la fin essentielle de la révolution d'Octobre, mais le prolétariat et les paysans pauvres devaient, en l'accomplissant, accomplir aussi la révolution démocratique bourgeoise. *Lénine exposa plus tard dans un de ses articles consacré au IVe anniversaire d'Octobre* que deux révolutions s'étaient ainsi conjuguées en une seule, l'une devenant l'autre, la révolution bourgeoise démocratique se transformant en révolution socialiste. De par les forces motrices et les fins poursuivies, la révolution prolétarienne socialiste était la principale, mais pour réussir pleinement elle devait accomplir la révolution bourgeoise démocratique. « Nous avons incidemment tranché la question de la révolution bourgeoise démocratique ; ce fut un des résultats secondaires de notre œuvre révolutionnaire, prolétarienne socialiste » (Lénine). D'après Lénine, les transformations bourgeoises démocratiques dans la révolution russe, comme dans celles de l'ère des guerres impérialistes et des révolutions socialistes, sont les résultats secondaires de la révolution prolétarienne. Ces résultats consistèrent tout d'abord en l'abolition des survivances féodales et nobiliaires fortement ancrées dans l'organisme social de la Russie. « Le contenu bourgeois démocratique de la révolution, c'est l'élimination des rapports sociaux, des mœurs, des institutions hérités du moyen âge, du servage, de la féodalité » (Lénine). Quelles étaient les manifestations principales des survivances du servage en Russie ? C'étaient, en 1917, la monarchie, le système des castes dans la propriété des terres, l'asservissement de la femme, la religion, l'oppression des nationalités. Ces survivances de la société féodale et nobiliaire, la révolution d'Octobre les extirpe au fer rouge de l'organisme russe. Les conquêtes de la révolution bourgeoise démocratique eussent été inconcevables sans une révolution prolétarienne et socialiste. Mais elles n'étaient pas la fin essentielle de la révolution prolétarienne d'Octobre, qui pensait avant tout à conquérir le pouvoir. Le pouvoir des Soviets proclamé par le II⁰ Congrès panrusse des Soviets démontra avec évidence qu'une révolution se transformait, par voie de croissance, en une autre et que la conquête du pouvoir était le fait dominant de celle d'Octobre. « La société soviétique, écrivait Lénine, est une confirmation éclatante ou une manifestation de cette transformation, par voie de croissance, d'une révolution en une autre. La société soviétique assure le maximum de démocratie aux ouvriers et aux paysans et signifie en même temps la rupture avec la démocratie bourgeoise et la création d'un type historique nouveau de démocratie, la démocratie prolétarienne ou dictature du prolétariat ».

Ainsi : deux révolutions, de par les forces motrices et le contenu, mais dont l'une n'est que le résultat secondaire de l'autre. La fin principale de la révolution d'Octobre, c'est la conquête du pouvoir par l'union du prolétariat des villes et des prolétaires et des demi-prolétaires des campagnes, les paysans pauvres. C'est ce qui fait sa force. Mais la conquête du pouvoir à un moment où subsistaient en Russie les vestiges de la société féodale et nobiliaire obligeait les masses petites-bourgeoises, aspirant avant tout à l'abolition de ces vestiges, à se grouper, à s'organiser autour des classes montant à l'assaut du pouvoir. Les masses petites-bourgeoises et paysannes suivant dès lors le prolétariat et les paysans pauvres, extirpant les vestiges du système féodal et nobiliaire renforcèrent le prolétariat, l'aidant à prendre le pouvoir, participant à la lutte, lui aplanissant les voies. Ce double contenu de la révolution d'Octobre, cette transformation par voie de croissance de la révolution bourgeoise démocratique en une révolution prolétarienne, qui en est le fait dominant, donne le ton à tous les événements, détermine le rôle et la situation des forces sociales dans les batailles, détermine les mesures, les décrets et les arrêtés, du gouvernement des Soviets dans les premières heures de son activité.

La conquête du pouvoir était le trait essentiel de la révolution socialiste. Prenant le pouvoir, le prolétariat et les paysans pauvres abolissent les survivances du système féodal et nobiliaire et s'attachent du coup les masses petites-bourgeoises des campagnes. Le IIe Congrès panrusse des Soviets publie un décret abolissant la propriété privée des domaines — satisfaisant ainsi les intérêts des masses paysannes les plus larges — achève la révolution bourgeoise démocratique, attache les millions de paysans à la dictature du prolétariat. Seule celle-ci pouvait abolir la propriété des castes. Le IIe Congrès des Soviets, promulguant son décret sur la paix, affirme sur l'heure le caractère socialiste de la révolution et tente d'arracher à la guerre le prolétariat du monde. Il satisfait ainsi les revendications les plus larges des prolétaires et des paysans russes. Deux révolutions se conjuguent en octobre et la principale — qui est prolétarienne et socialiste — réussit à s'attacher la démocratie petite-bourgeoise. Sans révolution socialiste il n'eût pas été possible de nettoyer la Russie des survivances féodales et nobiliaires. « Nous sommes, disait Lénine, en droit d'être fiers de notre œuvre. Notre nettoyage du pays [des survivances féodales] a été beaucoup plus résolu, plus prompt, plus hardi, plus profond et plus large, du point de vue de l'action exercée sur la masse du peuple, que la grande révolution française. Mais l'effectuant incidemment, la révolution d'Octobre a fait des choses autrement grandes. Pour la première fois dans l'histoire, l'humanité exploitée a répondu à la guerre entre les esclavagistes par une révolution des esclaves contre tous les esclavagistes et continué cette lutte jusqu'au bout en créant son pouvoir propre, la dictature du prolétariat. »

Ce caractère de la révolution fut noté au IIe congrès des Soviets qui sanctionna et précisa les événements, de même qu'à la séance du Soviet de Députés Ouvriers et Soldats de Pétrograd qui eut lieu le 25 octobre à 2 heures de l'après-midi. Le succès de la révolution était évident. Personne ne défendait le gouvernement Kérensky. Le dictateur Kichkine, nommé par Kérensky, n'avait d'autre force que celle de sa nomination : un chiffon de papier. Ouvriers et soldats étaient vainqueurs. Ce fut Trotsky, président du Soviet de Pétrograd, qui ouvrit la séance et informa le Soviet. Il nota tout de suite le travail caractéristique de la révolution : l'organisation, la fermeté, la cohésion du prolétariat et la désorganisation, la débâcle du Gouvernement Provisoire et de ses partisans. « Pour le moment, dit Trotsky, tout s'est passé sans effusion de sang; nous ne connaissons aucune victime. Je ne connais dans l'histoire aucun mouvement révolutionnaire où des masses aient pris une telle part et qui n'ait pas versé une goutte de sang. Le Gouvernement Provisoire de Kérensky était mort et n'attendait plus que le coup de balai de l'histoire. » Lénine prit la parole après Trotsky. Il expliqua en termes clairs et précis le sens des événements. « La révolution ouvrière et paysanne, dont les bolchéviks ont sans cesse affirmé la nécessité, s'est accomplie. » — « Quelle est son importance? » C'est que « les masses opprimées créent elles-mêmes le pouvoir ». Des tâches immenses se dressent devant elles. D'abord « la liquidation immédiate de la guerre, car il est évident qu'il faut, afin de terminer cette guerre intimement liée au régime capitaliste, vaincre le capitalisme lui-même. » Ainsi, dès ses premiers pas, la révolution d'Octobre devient, pour accomplir une de ses tâches essentielles, une révolution internationale. La lutte pour la paix devient sur l'heure une lutte contre les organismes impérialistes capitalistes qui font la guerre. La révolution d'Octobre, levant le drapeau de la paix, levait en même temps celui de l'insurrection contre le monde capitaliste. Son succès, sa force dans cette lutte se liaient au mouvement ouvrier mondial auquel elle montrait le chemin.

La révolution d'Octobre avait aussi de grandes tâches à l'intérieur. Accomplie par le commun effort des ouvriers et des paysans, elle devait souder plus encore le prolétariat à la petite bourgeoisie rurale. Les paysans ne reçurent la terre que grâce au prolétariat. Mais les intérêts bourgeois des ruraux satisfaits, la révolution d'Octobre dut satisfaire les prolétaires. Parallèlement à l'abolition de la propriété privée du sol, elle devait organiser la production sur une base nouvelle. « La troisième révolution russe, avait dit Lénine, doit, en fin de compte, aboutir à la victoire du socialisme. » Toutes les conditions lui étaient favorables. « A l'intérieur de la Russie une partie considérable de paysans a dit: Assez joué avec les capitalistes, nous marchons avec les ouvriers. Le décret abolissant la propriété foncière nous a acquis la confiance des paysans. Ils comprennent que seule l'alliance avec les ouvriers les sauvera. Nous avons maintenant appris à travailler ensemble. La révolution qui vient de s'accomplir en est une preuve. Nous avons la force des masses organisées, qui vaincra tout et mènera le prolétariat à la révolution mondiale. Commençons à bâtir en Russie un Etat prolétarien et communiste. Vive la révolution socialiste mondiale! » — C'est par ces mots que Lénine termina son premier discours sur les événements décisifs qui venaient de s'accomplir.

Lénine formulait clairement la portée des événements, indiquait les tâches et les voies de l'avenir, indiquait la tactique nécessaire. La révolution d'Octobre était à la fois russe et mondiale, elle agitait des problèmes liés à l'existence même du monde capitaliste; luttant pour la paix, elle levait le drapeau de la révolution mondiale. Luttant pour l'organisation socialiste de l'économie nationale, elle attachait à son char triomphal la petite bourgeoisie campagnarde qu'elle avait déjà menée au combat contre le monde capitaliste dans la conquête de la terre. Cette signification de la révolution d'Octobre fut nettement indiquée au IIe congrès des Soviets. On y élabora les formes d'organisation de la révolution victorieuse; on y engagea ouvertement la lutte contre le capitalisme mondial, pour le pouvoir des travailleurs.

Presque rien ne nous est resté de ce congrès des classes laborieuses russes, si remarquable dans l'histoire des travailleurs du monde. Ses procès-verbaux n'ont pas été conservés; nous ne disposons que des comptes rendus de journaux. La première séance du IIe congrès des Soviets eut lieu le 25 octobre à 10 h. 40-45 du soir à la salle des actes de l'Institut Smolny. Lénine y assista. Une réunion de la fraction bolchéviste précéda l'ouverture du congrés. On savait que les menchéviks et les socialistes-révolutionnaires avaient l'intention de quitter démonstrativement le congrès.

La composition même du congrès rendait manifeste le profond revirement qui s'était accompli dans l'état d'esprit de millions de paysans et d'ouvriers. A l'opposé du I" congrès où les bolchéviks n'avaient presque pas été représentés, le IIe était nettement bolchéviste. Sur 626 délégués il comptait 382 bolchéviks plus 31 sympathisants, 70 socialistes-révolutionnaires de gauche, 5 anarchistes, 15 internationalistes unifiés, 30 menchéviks-internationalistes, 21 menchéviks de défense nationale, 7 social-démocrates nationaux, 36 socialistes-révolutionnaires du centre, 16 socialistes-révolutionnaires de droite et 13 socialistes-révolutionnaires nationaux. Le menchévik Dan, membre de l'ancien comité exécutif, ouvrit la séance en proposant d'élire le Bureau. Les menchéviks et les socialistes-révolutionnaires refusèrent d'y entrer, de sorte que ce Bureau fut composé des seuls communistes et socialistes-révolutionnaires de gauche. Au nom des communistes, Avanessof proposa d'élire au Bureau Lénine, Zinoviev, Trotsky, Kaménev, Skliansky, Noguine, Krylenko, Kollontaï, Rykov, Antonov-Ovsséenko, Riazanov, Mouranov, Lounatcharsky, et Stoutchka. Les socialistes-révolutionnaires de gauche proposèrent: Kamkov, Spiridonova, Kakhovskaïa, Mstislavsky, Sachs, Karéline et Grouchman. Kaménev porté à la présidence annonça les trois questions inscrites à l'ordre du jour : l'organisation du pouvoir, la paix, l'Assemblée constituante. Après diverses déclarations de peu d'importance, Khintchouk (menchévik) et Hendelman (soc.-rév.) déclarèrent que leurs partis se refusaient à participer au congrès et lurent une résolution dans laquelle les événements de Pétrograd étaient qualifiés de « conspiration militaire » et de « crime contre la patrie et la révolution, signifiant le début de la guerre civile et menaçant la révolution de mort. » Les menchéviks et les socialistes-révolutionnaires s'excluaient ainsi de la classe ouvrière et passaient à la contre-révolution des officiers d'Alexéiev, des junkers et des cosaques. Protestant contre la guerre civile, qualifiant la révolution ouvrière de «crime» et d' « aventure », ils créaient eux-mêmes un foyer de guerre civile, au-dessus duquel ils hissaient le drapeau de leur « Comité du Salut de la Patrie et de la Révolution » formé pour lutter contre le II⁰ congrès des Soviets. Trotsky leur répondit avec force : « L'insurrection des masses populaires n'a pas besoin d'une justification ; nous venons d'être les témoins d'une insurrection et non d'un complot. Nous avons trempé l'énergie révolutionnaire des ouvriers et des soldats de Pétrograd, nous avons forgé au grand jour la volonté des masses pour une insurrection et non dans un complot ». Quant à la sortie des socialistes de droite du congrès, Trotsky proposa une résolution constatant qu'ils avaient fait pendant sept mois, c'est-à-dire pendant toute la révolution, une politique consistant à berner les paysans et à défendre la bourgeoisie. Leur départ, « loin d'affaiblir les Soviets, les fortifiera en épurant le pouvoir ouvrier et paysan d'éléments contre-révolutionnaires. » Après s'être prétendu de longues années durant les représentants des ouvriers, ils abandonnaient le prolétariat, « au moment précis où son avant-garde défendait, les armes à la main, le congrès et la révolution contre la poussée contre-révolutionnaire ».

Le congrès décida pour finir cette journée historique d'adresser un appel aux populations de la Russie. Le congrès leur annonçait ce qui s'était passé et, précisant au nom de qui il parlait, définissait sa politique intérieure et étrangère. « S'appuyant sur la volonté de l'immense majorité des ouvriers, des soldats et des paysans et sur l'insurrection victorieuse des ouvriers et de la garnison de Pétrograd, le congrès assume la plénitude du pouvoir. » Ses intentions sont d'amener la conclusion de la paix, de transmettre la terre aux paysans, d'établir le contrôle ouvrier de la production, d'octroyer à toutes les nationalités le droit de disposer d'elles-mêmes et de démocratiser l'armée. « Le pouvoir des Soviets proposera à tous les peuples une paix démocratique immédiate et un armistice immédiat sur tous les fronts. Il garantira le transfert gratuit des propriétés foncières de la noblesse, de la couronne et du clergé aux comités paysans, défendra le droit des soldats en démocratisant entièrement l'armée, instituera le contrôle ouvrier de la production, assurera la convocation de l'Assemblée constituante, ainsi que le ravitaillement des villes en blé et des campagnes en objets de première nécessité, garantira à toutes les nationalités de la Russie le droit réel de disposer d'elles-mêmes ». Le congrès invitait les soldats, les ouvriers et les paysans à se grouper autour de lui afin de combattre la contre-révolution : « Tout le pouvoir, partout, aux Soviets des députés ouvriers, soldats et paysans ! »

Cet appel montre déjà le double caractère de la révolution d'Octobre, qui fut d'une part une révolution prolétarienne et de l'autre une révolution bourgeoise-démocratique. Révolution bourgeoise, elle abolissait les vestiges de la féodalité en Russie et donnait la terre aux paysans. Révolution socialiste internationale, elle entendait organiser la production conformément aux principes socialistes et se dressait contre le monde capitaliste. Ce double caractère se manifesta plus clairement encore lorsque le IIe congrès des Soviets discuta la paix et la question agraire. Lénine proposa et commenta alors le texte de la déclaration devenue le décret sur la paix [1]. Ce décret invitait tous les peuples bel-

---

1. Voici ce texte: *Proclamation aux peuples et aux gouvernements de tous les pays belligérants.* — Le Gouvernement Ouvrier et Paysan, gouvernement issu de la Révolution des 25-26 Octobre (6-7 novembre) et qui s'appuie sur les Soviets des Députés Ouvriers, Soldats et Paysans, propose à tous les peuples belligérants et à leurs gouvernements d'entamer immédiatement des négociations en vue d'une paix démocratique et juste.

ligérants et leurs gouvernements à ouvrir immédiatement des pourparlers en vue d'une paix juste et démocratique. La « paix juste et démocratique » devait être une paix sans annexions ni contributions. Le congrès déclara « ne point considérer ces conditions de paix comme utlimatives »; en d'autres termes, être disposé à examiner toutes autres conditions de paix et n'insister que sur l'examen le plus rapide, la plus grande clarté, l'exclusion de toute ambiguïté et de tout secret des conditions qui seraient proposées par tout

---

Par paix démocratique et juste, paix ardemment désirée par l'immense majorité des ouvriers et des classes laborieuses, épuisés par la guerre, paix que les ouvriers et les paysans russes, après avoir renversé la démocratie tsariste, n'ont cessé d'exiger, le gouvernement entend une paix immédiate sans annexion (c'est-à-dire sans conquête de territoires étrangers et sans réunion violente de populations étrangères) et sans indemnité.

Le gouvernement de la Russie propose à tous les peuples belligérants de conclure immédiatement une telle paix, et se déclare prêt à prendre sans le moindre délai toutes les mesures décisives nécessaires, en attendant la ratification de toutes les conditions de cette paix par les assemblées autorisées des différentes nation et peuples.

Par annexion ou conquête de territoires étrangers, le gouvernement comprend, conformément à la conception du droit de la démocratie en général et de la classe ouvrière en particulier, tout rattachement à un Etat grand et puissant d'un peuple peu nombreux ou faible, sans l'expression claire, précise et libre du consentement et du désir de celui-ci, quelle que soit l'époque où un tel rattachement ait eu lieu, quel que soit le degré de civilisation du peuple annexé ou maintenu par la force dans les frontières d'un autre Etat, que ce peuple vive en Europe ou dans les pays éloignés d'outre-mer.

Si un peuple est retenu par la force dans les frontières d'un Etat, si, malgré le désir exprimé par lui au moyen de la presse, de meetings populaires, de résolutions des partis politiques, ou par des émeutes et des soulèvements contre l'oppression nationaliste, si ce peuple n'obtient pas le droit de choisir la forme de son gouvernement par un vote libre — c'est-à-dire sans la plus légère contrainte et après le retrait de toutes forces militaires de l'Etat qui a opéré le rattachement ou qui est le plus fort —, un tel rattachement constitue une annexion, c'est-à-dire une conquête et un acte de violence.

Le gouvernement considère que continuer cette guerre pour résoudre la question du partage entre des nations puissantes et riches de nationalités faibles conquises par elles est le crime le plus grand qui puisse être commis contre l'humanité; en conséquence, il proclame solennellement sa résolution de signer immédiatement la paix qui mettra fin à cette guerre aux conditions énoncées plus haut, également justes pour toutes les nationalités sans exception.

pays belligérant. Tous les belligérants étaient conviés à conclure un armistice immédiat. Le décret adressait un pressant appel aux ouvriers de France, d'Allemagne et d'Angleterre.

Ce n'était pas seulement une proposition de paix émanant de la République des Soviets, c'était aussi une arme dans la lutte pour la paix et pour la révolution mondiale.

Le gouvernement déclare d'ailleurs ne pas donner à ces conditions de paix un caractère d'ultimatum, c'est-à-dire qu'il est prêt à examiner toutes celles qui pourraient être présentées, mais il insiste pour que les propositions soient faites avec le maximum de rapidité et soient d'une clarté parfaite, toute ambiguïté et tout secret en étant exclus.

Le gouvernement abolit la diplomatie secrète et exprime sa ferme décision de conduire toutes les négociations au grand jour sous les yeux du peuple tout entier; il procèdera immédiatement à la publication intégrale de tous les traités secrets ratifiés ou conclus par le gouvernement des grands propriétaires et des capitalistes depuis mars jusqu'au 7 novembre 1917. Toutes les clauses de ces traités secrets, qui ont pour objet de procurer des avantages et des privilèges aux propriétaires fonciers et aux capitalistes russes, de maintenir ou d'augmenter les annexions opérées par l'impérialisme grand-russien, sont dénoncées par le gouvernement immédiatement et sans réserves.

En proposant à tous les gouvernements et à tous les peuples d'entamer des négociations publiques en vue de la paix, le gouvernement se déclare prêt à négocier, aussi bien télégraphiquement que par écrit ou par conversations entre représentants des différents pays, ou dans une conférence rassemblant ces représentants. Pour faciliter ces pourparlers, le gouvernement envoie ses plénipotentiaires dans des pays neutres.

Le gouvernement propose à tous les gouvernements et aux peuples de tous les pays belligérants de conclure un armistice immédiat; il estime que cet armistice ne doit pas avoir une durée inférieure à trois mois, c'est-à-dire à un délai qui suffise largement pour permettre non seulement l'achèvement des pourparlers entre les représentants de tous les peuples, sans exception, entraînés dans la guerre ou contraints d'y prendre part, mais qui permette également la convocation des assemblées compétentes des différents pays en vue de la ratification définitive des conditions de paix.

En adressant cette offre de paix aux gouvernements et aux peuples de tous les pays belligérants, le Gouvernement Provisoire Ouvrier et Paysan de Russie s'adresse en particulier aux ouvriers conscients des trois nations les plus avancées de l'humanité et aux trois États les plus importants engagés dans la présente guerre, à l'Angleterre, à la France, à l'Allemagne. Les ouvriers de ces pays ont rendu les plus grands services à la cause du progrès et du socialisme. Les magnifiques exemples du mouvement chartiste en Angle-

Ce texte était conçu de manière à atteindre tous les gouvernements impérialistes et révéler à tous les peuples opprimés le crime et le mensonge de la société capitaliste. Cet aspect du décret fut mis en lumière par Lénine. « Notre appel, dit-il, doit être adressé aux gouvernements et aux peuples ; nous ne pouvons pas ignorer les gouvernements, car ce serait éloigner les possibilités de paix, ce dont un gouvernement populaire doit bien se garder. Nous n'avons aucun droit de ne pas nous adresser simultanément aux peuples. Les gouvernements et les peuples sont partout en désaccord ; nous devons aider les peuples à intervenir dans les questions de paix et de guerre ». C'est pourquoi les propositions du congrès des Soviets ne furent pas ultimatives. Lénine insista sur n'importe quelles conditions « car nous ne voulons pas donner à nos ennemis le moyen de cacher la vérité aux peuples en arguant notre intransigeance ; nos propositions ne doivent pas être ultimatives, car un gouvernement qui ne veut pas de paix est un gouvernement criminel ; en formulant nos propositions sous une forme non ultimative, nous obligeons les gouvernements à se rendre criminels aux yeux des peuples. Et les peuples ne se gêneront pas avec ces criminels ! » Les pourparlers mêmes devaient servir à démasquer devant l'univers les gouvernements des puissances capitalistes. Il fallait, dans cette joute, contraindre les capita-

---

terre, la série des révolutions d'importance mondiale accomplies par le prolétariat français et enfin, en Allemagne, la lutte héroïque contre les lois d'exception ainsi que la lente création des organisations de masses du prolétariat allemand par un effort opiniâtre et discipliné, qui peut servir de modèle aux travailleurs du monde entier, tous ces exemples de l'héroïsme prolétarien, ces monuments de l'évolution historique nous sont une sûre garantie que les ouvriers de ces pays comprendront que leur devoir est de libérer l'humanité des horreurs et des conséquences de la guerre, une garantie que ces ouvriers nous aideront, par une action générale, décisive et irrésistiblement énergique, à conduire la cause de la paix à un terme heureux et en même temps à libérer les masses exploitées de tout esclavage et de toute exploitation.

listes à dire pourquoi ils envoyaient s'entre-tuer des millions d'hommes . « Nous ne devons pas, nous ne pouvons pas donner aux gouvernements la possibilité de se réfugier derrière notre intransigeance et de cacher aux peuples pourquoi ils les envoient à la boucherie. C'est une goutte d'eau, mais nous ne pouvons ni ne devons renoncer à cette goutte qui creuse la pierre des conquêtes bourgeoises [1]. »

Le IIe Congrès se déroulait au milieu d'un enthousiasme indescriptible. On y entendait retentir le pas de l'histoire. La langue des décrets était comprise de centaines de millions d'hommes. John Reed qui assista au congrès a décrit le vote du décret sur la paix. Nous ne pouvons mieux faire que citer cette page dans son entier :

Un délégué en son propre nom observa :

— Il y a une contradiction. D'abord vous offrez une paix sans annexion ni indemnité, et après vous dites que vous prendrez en considération toutes les offres de paix. Prendre en considération toutes les offres de paix. Prendre en considération, cela signifie accepter...

Lénine bondit :

— Nous voulons une paix juste, mais nous ne craignons pas une guerre révolutionnaire. Il est très probable que les gouvernements impérialistes ne répondront pas à notre appel, mais nous nous gardons de lancer un ultimatum auquel il serait trop facile de dire non.

« Si le prolétariat allemand comprend que nous sommes prêts à considérer toutes les offres de paix, ce sera vraisemblablement la goutte d'eau qui fera déborder le vase, la révolution éclatera en Allemagne...

« Nous consentons à examiner toutes les conditions de paix, mais cela ne signifie pas que nous les accepterons... Il est certaines de nos conditions pour lesquelles nous combattrons jusqu'au bout; il en est d'autres pour lesquelles nous jugerons peut-être qu'il ne vaut pas la peine de continuer la guerre... Ce que nous voulons avant tout, c'est mettre fin à la guerre... »

Il était exactement 10 heures 35, quand Kaménev demanda à tous ceux qui approuvaient la proclamation de lever leurs

---

1. LÉNINE: *Œuvres*, t. XV.

cartes. Un seul délégué osa lever la main contre, mais la violence des protestations qui éclatèrent autour de lui, la lui firent promptement baisser... C'était l'unanimité.

Mus par une commune impulsion, nous nous trouvâmes soudain tous debout, joignant nos voix dans l'unisson et le lent crescendo de l'*Internationale*. Un vieux soldat grisonnant sanglotait comme un enfant. Alexandra Kollontaï rentrait ses larmes. Le chant roulait puissamment à travers la salle, ébranlant les fenêtres et les portes et allant se perdre dans le calme du ciel. « La guerre est finie! La guerre est finie! » s'écria près de moi un jeune ouvrier, le visage rayonnant. Puis, quand ce fut terminé, comme nous restions debout dans un silence gêné, quelqu'un cria :

— Camarades! Souvenez-vous de ceux qui sont morts pour la liberté!

Nous entonnâmes alors la *Marche Funèbre*, ce chant majestueux, mélancolique et triomphant à la fois, si russe, si émouvant [1].

Le décret sur la paix exprima le caractère prolétarien international de la révolution d'Octobre qui se dressait ainsi à la face du monde capitaliste pour apporter la liberté à l'humanité entière. La lutte pour la paix fit des paysans russes groupés autour du congrès panrusse des Soviets les participants de la révolution mondiale. La petite bourgeoisie défendit autour des Soviets les intérêts du prolétariat mondial et combattit pour l'abolition du régime capitaliste dans le monde entier. Mais la lutte pour la révolution mondiale, se confondant avec la satisfaction des aspirations de masses non seulement prolétariennes mais aussi petites-bourgeoises de la Russie paysanne, fut tout de suite entamée par le II⁰ Congrès qui se préoccupa, en adoptant diverses autres mesures, de satisfaire les aspirations des masses petites-bourgeoises et d'assurer leur soudure avec la révolution prolétarienne. La lutte des paysans pour la terre, menée dans toute la Russie et qui avait opposé la petite bourgeoisie au Gouvernement Provisoire, devait s'achever là.

____

1. JOHN REED: *Dix jours qui ébranlèrent le monde.*

Après le décret sur la paix Lénine proposa son décret sur la terre. Bontch-Brouévitch dit dans ses mémoires : « Je me rappelle que Lénine ayant rédigé ce décret nous dit le lendemain matin : « Si nous avons seulement le temps de promulguer cette loi, que l'on essaie ensuite de l'abroger![1] »

Avant de donner lecture de ce décret Lénine, dans un bref discours, le justifia et exposa les considérations tactiques qui le motivaient : « On entend dire, dit Lénine, que ce décret et le mandat aux députés ont été rédigés par les socialistes-révolutionnaires. Peu importe qui a rédigé ce document ; gouvernement démocratique, nous ne pouvons pas négliger les revendications des masses populaires même quand nous ne sommes pas d'accord avec elles. Les paysans verront eux-mêmes, dans la brûlante réalité, en appliquant ce décret où est la vérité ». Ce fut un discours remarquable. Lénine y indiqua qu'il ne s'agissait pas d'une doctrine ou d'un programme à appliquer, mais de satisfaire les exigences de la vie même, les revendications de millions de paysans petits-bourgeois que les socialistes-révolutionnaires — un parti paysan — n'avaient pas su contenter. « Les paysans ont acquis quelque expérience en huit mois de révolution, ils veulent résoudre eux-mêmes toutes les questions concernant la terre. C'est pourquoi nous nous déclarons contre tous les amendements proposés à ce projet de loi ; nous ne voulons pas entrer dans les détails, écrivant un décret et non pas un programme d'action. La Russie est grande et les conditions locales sont diverses; nous croyons que les paysans sauront mieux que nous résoudre la question et, que ce soit dans l'esprit de notre programme ou dans celui du programme des socialistes-révolutionnaires, l'important n'est pas là: l'essentiel est que les paysans aient la conviction qu'il n'y a plus dans les campagnes de propriétaires fon-

---

1. *Révolution prolétarienne*, n° 10, p. 61.

ciers et qu'ils vont trancher eux-mêmes toutes les questions et organiser leur vie [1]. »

Le décret sur la terre prononçait l'expropriation sans indemnité des propriétaires fonciers. « Les domaines des propriétaires fonciers, les apanages, les terres de la couronne, de l'Eglise et des monastères, avec tous leurs biens mobiliers et immobiliers, bâtiments, constructions, etc., sont mis, jusqu'à l'Assemblée constituante, à la disposition des comités agraires et des Soviets de députés ouvriers et paysans de districts. Les Soviets de députés paysans sont tenus de veiller à la conservation des biens confisqués. » Jusqu'à la promulgation d'une loi définitive sur la terre, le cahier des revendications paysannes rédigé par les rédacteurs des *Izvestia* d'après 292 cahiers de revendications locales devait fournir les directives des transformations agraires. La juste solution de la question agraire devait être, d'après le congrès, la suivante : « Le droit de propriété privée sur la terre est définitivement aboli, la terre ne peut être ni vendue, ni achetée, ni affermée, ni hypothéquée, ni appropriée de toute autre façon. Toutes les terres de l'Etat, des apanages de l'Eglise, des monastères, des propriétaires fonciers, des communes, des paysans, etc., sont transformées sans indemnité en biens de la nation et passent à la disposition de tous ceux qui les travaillent. » Toutes les terres nationalisées devaient être accessibles à tous les citoyens; tous les citoyens avaient les mêmes droits sur la terre.

Le décret sur la terre répondit aux aspirations de la petite bourgeoisie rurale et attacha les paysans au prolétariat.

Le congrès s'occupa ensuite de l'organisation du pouvoir. Des débats s'ouvrirent à ce sujet. Les socialistes-révolutionnaires de gauche et les internationalistes soutinrent la

---

1. LÉNINE : *Œuvres*, t. XV.

nécessité d'une coalition démocratique. Trotsky leur répondit, au nom des bolchéviks, que la coalition, proposée par Kamkov et Avilov, avec les défenseurs des koulaks sortis du congrès, était une impossibilité, doublée d'une absurdité. « Nous avons, dit Trotsky, levé devant le peuple entier l'étendard de la révolte; le mot d'ordre politique du soulèvement a été: Tout le pouvoir aux Soviets par le Congrès des Soviets ! » — Le projet d'organisation du pouvoir proposé par Kaménev au nom de la fraction bolchéviste fut voté et parut sous la forme d'un décret du congrès instituant un Conseil des Commissaires du Peuple. Ce texte disait notamment: « Afin de gouverner le pays jusqu'à la réunion de l'Assemblée constituante, un Gouvernement Provisoire ouvrier et paysan est organisé sous le nom de Conseil des Commissaires du Peuple. La direction des diverses branches de l'activité de l'Etat appartient à des commissions qui garantissent l'application pratique du programme proclamé par le congrès en union intime avec les organisations de masses des ouvriers, des marins, des soldats, des paysans et des employés. Le pouvoir appartient au collège formé des présidents de ces commissions, le Conseil des Commissaires du Peuple. Le contrôle des actes des commissaires du Peuple et le droit de les remplacer appartient au Congrès panrusse des Soviets et des Députés ouvriers, soldats et paysans et à son Comité Exécutif Central. Vladimir Oulianov (Lénine) est nommé président du Conseil des Commissaires du Peuple. Sont nommés commissaires du peuple: à l'intérieur, A. I. Rykov; à l'agriculture, V. P. Milioutine; au travail, A. G. Chliapnikov; à la guerre et à la marine, V. A. Ovsséenko (Antonov), N. V. Krylenko et P. M. Dybenko; au commerce et à l'industrie, V. P. Noguine; à l'instruction publique, A. V. Lounatcharsky; aux finances, I. I. Skvortzov (Stépanov); aux affaires étrangères, L. D. Trotsky; à la justice, G. I. Oppokov (Lomov); au ravitaillement, I. A. Téodorovitch ; aux postes et télégraphes, N. P. Avilov (Glébov) : aux nationalités, I. V. Staline; le poste de commissaire du peuple aux chemins de fer reste provisoirement vacant ».

Ainsi fut organisé le premier gouvernement des ouvriers et des paysans que l'histoire connaisse. La révolution d'Octobre étant simultanément une révolution prolétarienne et une révolution démocratique bourgeoise, ce double caractère ressortit dans les mesures ultérieures que le Conseil des Commissaires du Peuple, issu du II° Congrès des Soviets, dut prendre afin d'affermir le pouvoir des travailleurs. La lutte était, en effet, loin de prendre fin. Les menchéviks et les socialistes-révolutionnaires sortis du Congrès tentaient, avec les représentants de la grande bourgeoisie qui se joignaient à eux, d'engager le combat avec le pouvoir prolétarien naissant. Tous les atouts de la contre-révolution n'étaient pas encore battus; les ennemis des Soviets espéraient trouver en l'Assemblée constituante un organe susceptible de rassembler sous ses drapeaux les masses et d'anéantir le pouvoir ouvrier et paysan. Ce dernier dut soutenir une âpre lutte contre tous ceux qui ne comprenaient pas encore que le prolétariat suivi de millions de paysans était prêt à couvrir de ses poitrines le pouvoir de sa classe.

CHAPITRE VIII

Attitude des menchéviks et des socialistes-révolutionnaires ; le Comité du Salut de la Patrie et de la Révolution.

Les socialistes-révolutionnaires et les menchéviks s'étaient retirés du IIe Congrès des Soviets; mais leur départ ne signifiait pas l'abandon de leurs positions au pouvoir prolétarien. Ils n'avaient, au contraire, quitté le Congrès que pour continuer leur lutte acharnée contre le pouvoir à peine constitué des ouvriers et des paysans. Cette lutte n'allait pas seulement se dérouler sous Pétrograd, mais aussi dans la ville même. La Douma municipale tenta d'abord de devenir le centre de la résistance contre-révolutionnaire, mais, un des dirigeants de cette lutte le constate, si les prolétaires et les paysans accomplissaient la révolution d'Octobre avec organisation, si toutes les actions des ouvriers et des soldats de Pétrograd étaient rigoureusement coordonnées, si les masses insurgées manifestaient une capacité extraordinaire d'organisation et d'action d'ensemble, on observait, par contre, parmi les adversaires de la révolution, l'absence presque complète de toute organisation et de tout plan d'ensemble. Les contre-révolutionnaires se divisaient dans leur tentative de résistance, sans réussir à former des organisations fermes et cohérentes. Ce trait caractéristique, ils le notent eux-mêmes :

« Aucune liaison n'existe entre les différents groupes d'opposition, il n'y a aucun plan de résistance; le soir, la situation paraît désespérée. Ni la Douma municipale, ni le parti dirigeant des socialistes-révolutionnaires n'ont su employer la journée à organiser la défense; ils l'ont perdue en discours indignés et récriminations. » Ces lignes, écrites par un adversaire du pouvoir des Soviets, décrivent l'état d'esprit des milieux contre-révolutionnaires de Pétrograd dans la journée du 25 octobre. Dans la nuit du 25 au 26, une assemblée réunie à la Douma municipale se déclare en permanence et prend le titre de « Comité du Salut de la Patrie et de la Révolution ». Le comité forme aussitôt un Bureau Exécutif. Comblé d'éloges par les s.-r. et les menchéviks, ce comité ne parvint pas à réaliser l'unanimité sur ses tâches et sa mission. D'après M. Stankiévitch, compagnon d'arme de Kérensky et commissaire du front nord, « le Comité du Salut de la Patrie et de la Révolution reconnut sans ambiguïté ne pas pouvoir soutenir le gouvernement Kérensky et décida de ne le point mentionner dans son programme ». Stankiévitch ajoute qu'il proposa au comité « de déclarer que la lutte avait pour fin la restauration du gouvernement renversé par les bolchéviks; mais, pas une voix ne me soutint et l'on fut unanime à constater que mieux valait, étant donné l'impopularité du gouvernement, n'en point parler » [1].

Le comité exposa sa plate-forme dans un appel aux citoyens. Il se donnait pour but « la restauration d'un gouvernement provisoire qui, appuyé par les forces de la démocratie, conduirait le pays jusqu'à l'Assemblée constituante et le sauverait de la contre-révolution et de l'anarchie ». Le comité invitait les citoyens à ne pas se soumettre au pouvoir des Soviets et à combattre les bolchéviks. S'étant assigné pour tâche la restauration d'un nouveau gouvernement provisoire, il se mit à étudier le caractère de ce pou-

---

1. STANKIÉVITCH : *Mémoires.*

voir futur. « Plusieurs jours se passèrent, écrit Ignatiev, en conversations sur le gouvernement qu'il fallait constituer. Serait-il homogène, serait-il socialiste, se coaliserait-on avec les cadets ou avec les bolchéviks ? Il fut décidé à la majorité des voix de constituer un gouvernement socialiste homogène mais dont les bolchéviks seraient exclus ». Cette résolution ne put pas être appliquée, le *Vikgel*, comité central panrusse des cheminots, étant intervenu avec de nouvelles propositions. « Le moment était d'une extrême gravité, écrit encore Ignatiev, nous devions, comme Hamlet, résoudre la fameuse question : Etre ou ne pas être. La révolution déferlait par toute la Russie, les troubles avaient déjà gagné l'Etat-major, les soldats du front nous offraient leurs services, nous disputions encore aux bolchéviks l'influence sur la garnison, tous les groupes d'opposition attendaient, ainsi que les masses, et exigeaient la formation d'un centre investi d'autorité autour duquel ils se grouperaient pour agir. A cette heure tragique, Weinstein nous déclara, au nom des menchéviks, que ses amis politiques s'abstiendraient pendant quelques jours de participer aux séances du comité, n'ayant pas encore déterminé leur attitude » [1].

Il était bien difficile, on le voit, aux menchéviks et aux s.-r. de déterminer leur attitude et d'agir ; les uns et les autres précisaient cependant leur opposition à l'égard du pouvoir des Soviets. A l'heure la plus grave de la révolution, tandis qu'on se battait encore à Moscou, les s.-r. et les menchéviks, incapables de constituer une organisation déterminée contre les Soviets, engageaient une lutte acharnée avec les soviets bolchévistes et couvraient de l'autorité de leurs partis tous les adversaires des prolétaires et des pay-

---

1. IGNATIEV : *Faits et bilans d'une guerre civile de 4 ans.*

sans. Le 27 octobre, alors qu'on parlait encore au « Comité du Salut de la Patrie et de la Révolution » du caractère du futur gouvernement, le leader le plus en vue des s.-r., Zenzinov, publiait dans le *Diélo Naroda* un article intitulé : *Que sont-ils ?* Détachons-en quelques lignes : « Ils se disent les défenseurs du peuple, mais ils n'en sont en réalité que des transfuges qui le violentent et versent son sang.Le peuple combattant pour la liberté et la révolution doit se détourner d'eux et répondre par une malédiction à leurs appels. Plus tôt se serreront les rangs de tous ceux qui voient en eux des usurpateurs et de violateurs et plus tôt se terminera la folle et criminelle aventure qui conduit aux abîmes le pays et la révolution. Nous vous convions tous à une résistance éner-gique aux bolchéviks. Rien de commun avec les ennemis du peuple ! Que leur faiblesse intérieure et leur indigence se manifestent devant le pays, que les masses ignorantes qu'ils bernent se rendent compte des tromperies dont on se sert pour les entraîner ! ». Les menchéviks soutenaient vigou-reusement les s.-r. Les politiques de la *Rabotchaïa Gazeta* ne voyaient dans la révolution d'Octobre qu'une aventure criminelle dépourvue de toute justification sociale. « Les bolchéviks peuvent tout faire, écrivait la *Rabotchaïa Gazeta* dans un article de fond, sauf se rendre maîtres du pouvoir gouvernemental : aujourd'hui ou demain ils rouleront infailliblement aux abîmes ». Et leur chute devant entraîner le triomphe de la réaction, les menchéviks recommandaient aux « conjurés » de « capituler sans délai devant le Comité du Salut de la Patrie et de la Révolution ».

Menchéviks et s.-r. ne se contentèrent pas de ces appels et de ces propositions, ils tentèrent d'agir. Le « Comité du Salut de la Patrie et de la Révolution » dirigé d'ailleurs par les s.-r. finit par se décider pour un gouvernement dans lequel les bolchéviks entreraient, mais dont seraient exclus les auteurs directs de la révolution [1] ; ceci d'une part ; de l'autre, ne croyant pas eux-mêmes à la réalisation de ce projet, ils s'efforçaient de constituer au G.Q.G. un gouvernement socialiste présidé par Tchernov. Tchernov se rendit à l'Etat-major ainsi que Gotz, Avxentiev et Hernstein, tous dirigeants du parti s.-r. Ils espéraient trouver au G.Q.G. des forces pour combattre le gouvernement des Soviets. Les Doumas municipales encore fidèles aux s.-r., et les « Comités du Salut de la Patrie et de la Révolution » créés en province à l'instar de celui de Pétrograd, tournaient aussi des regards chargés d'espérance vers le G.Q.G. A la recherche d'alliés contre le prolétariat Tchaïkovsky [2], Avxentiev et Gotz — les leaders du mouvement antibolchéviste — s'adressaient aussi aux impérialistes étrangers. M. Buchanan a relaté par la suite les négociations qu'il eut avec eux.

---

1. C'était l'exclusive contre Lénine et Trotsky. (N. du Tr.)

2. Tchaïkovsky était un des plus vieux socialistes-populistes russes.

CHAPITRE IX

Les ouvriers de Moscou s'étaient promptement dégagés de l'influence de la collaboration des classes et le Soviet de la ville avait en septembre une majorité communiste. Le Soviet de Moscou se conformant aux instructions du Comité Central, s'orienta en octobre vers l'insurrection. Il édicta (septembre-octobre) une série de décrets sur la lutte économique et arrêta les statuts de la garde rouge. La presse du parti travaillait cependant à organiser les masses autour du Soviet. Le *Social-démocrate*, organe du Comité bolchéviste de Moscou, écrivait le 24 octobre : « La guerre est déclarée, les soviets sont dissous à Kalouga et leurs membres arrêtés ; le bruit court même qu'il y en aurait de fusillés. Les cosaques envoyés du front occidental par le Gouvernement Provisoire se conduisent en maîtres...

« La guerre est déclarée et les hostilités ont commencé, nous devons nous le tenir pour dit. Kérensky et ses agents sont pour nous des ennemis avérés ; pas de négociations avec eux ! On ne discute pas avec des ennemis, on les bat »[1].

L'annonce du début de la lutte à Pétrograd tomba à Moscou sur un terrain prospère. Tous les soviets d'arrondissements furent aussitôt informés par téléphone et se réunirent en séance commune. Voici l'avertissement qu'ils

1. *La Révolution d'Octobre à Moscou*, p. 1354.

reçurent : « La bataille pour le pouvoir vient de commencer à Pétrograd. Le gouvernement résiste. La ville est aux mains du centre révolutionnaire. Le Soviet de Moscou prend les mesures nécessitées par la situation. Toutes les forces doivent être immédiatement mises sur pied. Ne rien entreprendre sans ordres du centre. Les membres du Comité Exécutif établissent une permanence. Convoquer au plus tard pour demain 26 octobre une réunion plénière du Soviet. Aujourd'hui à 3 heures, réunion du Comité Central au musée polytechnique; présence obligatoire ». L'assemblée plénière du Soviet de Moscou eut lieu le 25 octobre. Un Comité Révolutionnaire Militaire y fut élu [1]. Le C.R.M. employa toute la nuit et la journée du lendemain à donner des ordres, lancer des appels et constituer son appareil; il n'avait pas encore de forces à sa disposition. Notre camarade Ignatov raconte, sur les premiers moments d'activité du C.M.R., la scène suivante : « Le 27, le chef du Comité du Salut Public à Moscou, Roudnev, rassembla ses forces — et la bourgeoisie moscovite en avait — et somma le C.R.M. de se dissoudre en 15 minutes, faute de quoi le Soviet serait bombardé ». Cet ultimatum ne fut même pas discuté. Nous répondîmes spontanément que nous n'avions rien à dire à Roudnev. Issouve même (c'était un menchévik) n'attendait d'ailleurs pas d'autre réponse et ne remplissait sa mission diplomatique que par acquit de conscience. Il partit. Je demeurai pensif à la fenêtre. Smidovitch s'approcha et me dit affectueusement : « On te pendra donc, mon cher Ignatitch, toi si jeune !... ». Je le regardai en souriant; je ne pensais pas à la mort. Nous n'avions pas de forces réelles.

---

1. En firent partie, pour les bolchéviks : V. M. Smirnov, Mouralov, Oussievitch et Lomer; Arosséev, Mossolov, Rykov et Boudzinsky suppléants. Les s.-r. refusèrent de participer au vote. Les menchéviks déléguèrent des représentants au C.R.M. afin de le combattre, déclarèrent-ils, à l'intérieur.

Je revois encore cette scène comme si c'était d'hier : une dizaine d'hommes assis ou debout dans des poses différentes, discutant paisiblement des mesures à prendre. Personne n'eut peur cette nuit-là. Il fut presque immédiatement décidé de déclarer la grève générale » [1].

Ce témoignage est instructif à deux points de vue. D'abord il est intéressant de savoir que le Soviet n'avait pas de forces à sa disposition, alors que le Gouvernement Provisoire disposait de près de dix mille hommes bien armés, commandés par des officiers. Le Soviet n'avait pas de forces armées et organisées. Nous retiendrons ensuite le rôle et la conduite des communistes qui, prenant sur eux de diriger la révolution, comprenaient que la force était en réalité de leur côté et qu'il s'agissait uniquement de prendre des mesures permettant à cette force de se manifester avec organisation.

Le C.R.M. édita le même jour (27 octobre) deux appels, l'un informant les ouvriers et les soldats sur les événements et leur ordonnant de n'obéir qu'aux ordres du C.R.M., l'autre prescrivant aux gardes rouges armés de se tenir prêts. « *Les ouvriers et les soldats révolutionnaires de Pétrograd conduits par leur soviet viennent d'engager une action décisive contre le Gouvernement Provisoire, traître à la révolution. Il est du devoir des soldats et des ouvriers de Moscou de soutenir leurs camarades de Pétrograd. Le Soviet des Députés Ouvriers et Soldats de Moscou vient d'élire, afin de diriger l'action, un C.R.M. qui est déjà entré en fonctions. Le C.R.M. déclare : 1° toute la garnison de Moscou est mise sur pied de guerre; tout régiment doit être prêt à marcher au premier ordre du C.R.M.; 2° aucun ordre n'est exécutoire excepté les ordres du C.R.M. ou con-*

---

1. *La Révolution d'Octobre à Moscou*, p. 27.

tresignés par le C.R.M. ». Des communistes se répandirent dans les casernes et les fabriques en qualité de propagandistes et d'organisateurs.

Le prolétariat de Moscou répondit à ces appels avec une unanimité, une spontanéité, un ensemble étonnants. Des fabriques entières cessèrent le travail à l'appel des cellules bolchévistes et des militants isolés, pour se jeter dans la lutte. La masse ouvrière descendit dans les rues, cherchant des armes, se ruant aux barricades. Les communistes levèrent les premiers le drapeau de l'insurrection, suivis des masses du prolétariat moscovite. Les masses accueillaient avec enthousiasme l'annonce de l'insurrection. A l'usine d'artillerie, la nouvelle aussitôt connue, communistes et sympathisants se précipitent vers les états-majors des arrondissements. « Les ouvriers, mis en éveil par le départ des communistes et des sympathisants, relate le camarade Katychev dans ses souvenirs, arrêtèrent le travail et descendirent dans la cour. A peine étions-nous montés sur la tribune de l'usine que la fusillade commençait à crépiter vers le centre de la ville. Nous expliquâmes aux ouvriers la gravité des événements et nous les invitâmes à se rendre aux barricades pour y vaincre ou mourir. Cet appel leur allait si droit au cœur que beaucoup — les femmes sourtout — pleurèrent. Ce fut comme si un courant électrique traversait cette foule de deux mille âmes. L'élan fut si grand qu'il entraîna même certains de nos adversaires socialistes-révolutionnaires et menchéviks. Cette masse humaine, immédiatement organisée en dizaines, se mit à la disposition des C.R.M. des arrondissements des rayons Boutyrky et Souschevsk-Mariin. Quelques hommes de garde furent laissés à l'usine. Les ouvrières se formèrent en détachements de brancardiers ou s'occupèrent du ravitaillement »[1].

---

1. *Octobre au rayon de Presnia*, p. 78.

Ce simple récit révèle déjà un des traits caractéristiques de la révolution d'Octobre : la spontanéité du mouvement des masses et le rôle organisateur du parti communiste. Les masses ouvrières sans parti prirent une part très énergique aux journées d'Octobre. Les bataillons de la garde rouge étaient à peu près exclusivement composés de sans-parti. « Ce soir-là, relate un camarade du rayon de Vsekhsviatsko-Pétrovsk, le C.R.M. se mit à organiser la garde rouge. Des camarades venaient s'inscrire des usines voisines. Près de 90 hommes s'enrôlèrent ainsi; c'était pour la plupart des sans-parti, mais qui savaient très bien quel parti marchait en tête du mouvement et pourquoi on se battait » [1].

Il n'y avait pas assez d'armes; le prolétariat se levait désarmé contre des ennemis armés selon le dernier mot de la technique militaire. Le prolétariat n'était fort que de la puissance de son enthousiasme et de sa conscience de classe. Il fallut se procurer des armes en cours de lutte. « Ne disposant que de vieux fusils et de deux cartouches, écrit un militant, nous commençâmes par désarmer des officiers afin de nous armer à leur détriment » [2].

Faute d'armes on devait refuser des combattants. « Des armes ! des armes ! » tel était, écrit S. Bobrov, le cri des camarades en ces journées. Les ouvriers sans-parti se présentaient en foule aux bureaux de la garde rouge, mais nous ne pouvions, à notre grand regret, les accueillir, faute d'armes » [3]. De toutes parts on réclamait des armes. Il fallait s'armer en désarmant l'ennemi. « Les premières armes que nous reçûmes, raconte Mandelstam au sujet du rayon de Baumann, avaient été prises à l'ennemi ; en réalité notre rayon était désarmé » [4]. — « Au rayon de Vsiekhsviatsk nous commençâmes à nous armer au compte de la bour-

<hr>

1. *Octobre dans le rayon de Presnia*, p. 91.
2. *Ibid.*
3. *Ibid.*
4. *Les Journées d'Octobre à Moscou*, p. 119.

geoisie locale en faisant des perquisitions... Nous trouvâmes ainsi 15 revolvers ». Ce fut avec ces armes que le prolétariat alla au combat. Mais si les armes manquaient, l'enthousiasme était grandiose. Des prolétaires quasi désarmés, ignorant souvent le maniement du fusil, allaient au combat en chantant et se montraient au feu intrépides, décidés à vaincre ou mourir. « Le quatrième jour de l'insurrection, dit un camarade, je reçus l'ordre de prendre 30 gardes rouges et de relever une escouade qui depuis 48 heures se se trouvait n'avoir pas bougé du Stoliechnikov péréoulok [1]. Nous montâmes sur un camion automobile et, chantant en route des chansons révolutionnaires, fûmes bientôt rendus. La plupart de mes hommes étaient de jeunes ouvriers qui n'avaient jamais tenu un fusil et ignoraient les premières règles de combat » [2].

Un dévouement sans bornes et la tenace volonté de vaincre suppléaient aux insuffisances de l'armement et de l'instruction militaire.

« Il eût été difficile de nous arrêter, raconte un autre combattant, Ossipov, bien que nous fussions mal armés et mal instruits et bien que nous manquions à tel point de toutes choses que plusieurs camarades durent remplacer, pour traîner un canon, les cordes nécessaires par leurs ceintures... » [3].

Les ouvriers témoignèrent dans la bataille d'une exceptionnelle capacité d'organisation. S'étant insurgés spontanément, presque sans armes, ils portèrent un coup mortel à la bourgeoisie. La forte garnison de Moscou ne donna pas de défenseurs au Gouvernement Provisoire, mais donna quantité de combattants au C.R.M. Les soldats avaient, eux, des fusils, des mitrailleuses et des canons. Dès la première

1. Rue de Moscou. (*N. du Tr.*)
2. *Octobre dans le quartier de Presnia*, p. 73.
3. *Les Journées d'Octobre à Moscou*, p. 113.

minute de l'insurrection le C.R.M. s'était adressé à eux. Le 28 octobre, d'après notre camarade Ignatov, une réunion des comités de régiments et de bataillons de la garnison de Moscou se tint où l'on procéda à l'élection d'un Comité de Dix, à la tête duquel se trouvèrent Boudzinsky et Savva Stépniak, qui devaient diriger la garnison de Moscou mise à la disposition du C.R.M. Une résolution fut adoptée, disant : « Le sang coule et l'heure n'est plus aux paroles, elle est aux actes... ; l'armée doit soutenir le C.R.M. et n'obéir qu'à lui » [1].

Les artilleurs répondirent les premiers à l'appel du C.R.M., bientôt suivis de l'infanterie. Notons que dans l'infanterie une nombreuse minorité répondit d'abord à l'appel ; la masse des soldats, expectante au premier moment, ne s'engagea dans la lutte que peu à peu, au fur et à mesure que l'action se fit plus ardente. Les combats de Moscou, d'abord prolongés et indécis en raison de l'impréparation des insurgés, finirent par entraîner tout le prolétariat et l'immense majorité de la garnison. Le C.R.M. se fortifia au fur et à mesure de l'extension de la lutte et de l'armement des masses. Soldats et ouvriers firent preuve d'une fermeté et d'une opiniâtreté étonnantes. Les masses furent parfois plus résolues que les organes dirigeants. Croissant en nombre et en qualité, les combattants de Moscou portèrent à la bourgeoisie des coups terribles.

Les troupes du Gouvernement Provisoire subissaient une évolution contraire de celle des combattants de la dictature du prolétariat. Bien armées et bien approvisionnées en munitions, ces troupes fondaient peu à peu : il n'y resta finalement que des officiers, des junkers, des élèves d'écoles militaires en face des soldats, des paysans et des ouvriers. Diminuant en nombre elles diminuaient aussi de qualité, en

---

1. *L'Insurrection d'Octobre à Moscou*, p. 29.

sorte que les ouvriers et les soldats mal armés finirent par vaincre un ennemi d'abord plus nombreux et mieux armé. L'enthousiasme, la foi en la victoire, le désir de se libérer d'un esclavage séculaire étaient du côté du prolétariat.

Les défenseurs du Gouvernement Provisoire défendaient le passé et le défendaient mal ; leurs forces se désagrégeaient. « Les soldats allaient où ils voulaient et il ne restait qu'à s'incliner, relate Arosséev dans ses *Mémoires*. Autant nos combattants se montrèrent fermes, autant nos adversaires se montrèrent débiles. Je me souviens d'un cas remarquable. Nous assiégions l'hôtel du gouverneur où s'étaient réfugiés quelque 200 junkers, officiers, policiers, étudiants. Sabline vint me trouver le second jour, disant : « Je vais vous rejoindre, donnez-moi un ordre. Nous avons sur la place Strastnaya une batterie tournée vers les portes de Nikolsk ». Sabline n'avait qu'une vingtaine d'hommes, tandis que l'hôtel du gouvernement était occupé par de forts détachements bien commandés. Quelle comparaison établir entre de semblables adversaires ? Les hommes de Sabline lancèrent deux obus sur l'hôtel, et Sabline de s'exclamer : « Qu'avez-vous fait ! C'est terrible ! C'est impossible ! » — quand nous voyons s'avancer tout à coup, dans la rue Tverskaïa, une foule de deux cents hommes les mains levées, entourés d'une quinzaine des nôtres. Il avait suffi de deux coups de canon pour que 200 hommes armés se rendissent à quinze soldats. Nous fûmes bien embarrassés, ne sachant où fourrer tous ces prisonniers. Il fallait les enfermer quelque part. On décida de les enfermer dans une écurie »[1]. Cette scène dépeint l'état d'esprit des deux partis belligérants : enthousiasme et énergie créatrice d'un côté, dépression et déroute de l'autre.

---

1. *Les Journées d'Octobre à Moscou*, p. 32.

CHAPITRE X

Le succès des insurrections de Pétrograd et de Moscou eut une immense importance quant à la marche de la révolution prolétarienne par toute la Russie. Ces événements mirent en ébullition le prolétariat des régions industrielles et provoquèrent dans les localités où la bourgeoisie industrielle, commerçante et rurale était forte, des résistances **acharnées**.

Les régions industrielles avoisinant Pétrograd et Moscou s'étaient préparées. Les organisations du parti y étaient au courant de la préparation insurrectionnelle et se tenaient prêtes à toute éventualité; les masses prolétariennes y aspiraient spontanément au pouvoir des Soviets. Aussitôt reçues les premières nouvelles des deux capitales, les masses prolétariennes s'emparèrent du pouvoir, ou — lorsque les Soviets étaient encore aux mains des menchéviks et des socialistes-révolutionnaires — obligèrent les Soviets à le prendre. Il en fut ainsi à Ivanovo-Voznessensk, à Rouzé, à Kolomna, à Ijevsk, à Toula, dans l'Oural, dans toutes les régions industrielles, peuplées d'un prolétariat dense. A Ivanovo-Voznessensk, raconte un camarade, l'organisation du parti était informée de ce qui se préparait. Le 25 octobre au soir le Soviet se réunit et l'on attendit les nouvelles. « Je tentai trois fois vainement de téléphoner à Moscou. Je parvins à la fin à entrer en communication avec la rédaction des

Izvestia. Une voix énergique m'annonça : Le Gouvernement Provisoire est renversé ! Fou de joie, je me précipitai dans la salle devenue tout à coup silencieuse. Je jetai aux délégués : Camarades, le Gouvernement Provisoire est renversé. La salle éclata en cris : Camarades !... Camarades !... Les clameurs, les chants, les exclamations se fondirent en un hourvari. Quelqu'un entonna l'*Internationale* »[1].

A Toula, le 25 octobre, aussitôt la nouvelle reçue, le Comité Exécutif de la ville, son bureau, les membres révolutionnaires du Soviet, les bolchéviks et les socialistes-révolutionnaires de gauche se réunirent au club ouvrier Morosov. Un comité révolutionnaire fut formé. Les 27 et 28 octobre le Soviet, ayant entendu le rapport d'un camarade de retour du IIe congrès, approuva l'insurrection de Pétrograd et prit officiellement le pouvoir [2].

Le prolétariat fut partout le porteur et le créateur de la révolution. Le pouvoir pris dans les rayons industriels, il s'organisa et s'arma en quelques jours, prit énergiquement l'offensive contre les ennemis des Soviets et se hâta, dans les régions voisines de Moscou, d'aller au secours des combattants de cette ville. En province, comme dans les grands centres, le prolétariat fit preuve d'organisation, d'unanimité et de foi créatrice. La révolution d'Octobre fut accueillie avec transport par les communistes comme par les sansparti, également disposés à se battre pour elle. Dans les régions industrielles la révolution ne rencontra pour ainsi dire pas de résistance : il en fut autrement dans les régions où prévalait la bourgeoisie commerciale. La résistance y fut d'autant plus grande que cette bourgeoisie était plus nombreuse.

Ce fut aussi le prolétariat qui porta la révolution parmi

1. *La Révolution prolétarienne,* n° 10, p. 239.
2. *Le Guide du Communiste,* n° 11, p. 41.

les populations petites-bourgeoises dans les campagnes notamment et les petites villes des régions industrielles, où les Soviets ne prirent le pouvoir qu'en novembre-décembre 1917 et parfois au début de 1918. La révolution n'y rencontra pas de résistance, mais il se trouva simplement que les forces susceptibles d'organiser le nouveau régime faisaient souvent défaut. Dès qu'arrivait un bolchévik ou un ouvrier venant de quelque centre industriel, les pauvres des villes et des villages, les petits groupes d'ouvriers s'organisaient et prenaient le pouvoir. Ce fut le cas à Ouglitch. Un ouvrier de l'usine de Sestoretzk (près de Pétrograd) y arriva, organisa les ouvriers de la petite ville et, ayant formé au début de décembre un C.R.M., transmit le pouvoir au Soviet. « A Rybinsk, raconte un cheminot, rien ne changea après la révolution d'Octobre. Les événements ne laissèrent presque pas de trace. Ce ne fut qu'au début de 1918, après l'arrivée des marins de Pétrograd que la composition du Soviet changea. Un fort noyau bolchéviste se forma qui se mit à l'œuvre » [1].

Même tableau ou peu s'en faut à Tioumen, petite ville lointaine de Sibérie. Le Soviet de Tioumen, aux mains des menchéviks et des socialistes-révolutionnaires, protesta d'abord contre les événements d'Octobre. Puis, se conformant aux ordres reçus du centre, il forma un C.R.M. composé, il est vrai, de menchéviks et de socialistes-révolutionnaires. Ce ne fut qu'au commencement de décembre 1917, lorsque des communistes arrivés à Tioumen y organisèrent un comité bolchéviste, que le prolétariat se rassembla autour de ce comité, réélut le C.R.M. Le pouvoir passa enfin au Soviet [2]. Même chose dans les campagnes où la révolution est, un peu plus tôt, un peu plus tard, comprise des paysans pauvres et des semi-prolétaires qui se mettent résolument à

1. *Rybinsk pendant la révolution*, p. 26.
2. Tioumen : *Recueil d'Octobre*.

l'œuvre. La composition sociale de la population des campagnes se fit nettement sentir au cours de ces événements. Où il y avait beaucoup de paysans pauvres, où l'industrie était développée, où les villages étaient à proximité de fabriques, la révolution d'Octobre trouva un terrain favorable et des défenseurs convaincus. Les soldats et les ouvriers l'annoncèrent aux campagnes et firent connaître ses dirigeants bolchévistes. L'exemple de la région de Nijni-Novgorod illustre bien ce fait. « La révolution du 25 octobre, dit Lipenkov, ne fut connue au village de Khazino (district d'Ardatov) qu'à la fin de décembre. Les pauvres du village, proches des prolétaires par leur condition, apprirent cette nouvelle avec joie et se mirent sans perdre de temps à transformer l'administration existante en un soviet des ouvriers et des paysans. Les habitants de Khazino n'avaient, il faut le dire, qu'une vague idée de la révolution d'Octobre et de ceux qui la faisaient ou qui, plus exactement, proclamaient en Russie la dictature du prolétariat et donnaient tout le pouvoir aux Soviets. Bientôt commencèrent à revenir au village des soldats qui en étaient partis et aussi des ouvriers. Parmi ces derniers se trouvaient M. P. Frolov et S. M. Polossov, qui fut le président du premier soviet de Khazino. Ils expliquèrent aux ruraux ce qui s'était passé et leur apprirent le rôle dirigeant du parti ouvrier social-démocrate (bolchéviste[1] ». Ce fait est typique: des ouvriers de fabriques, des soldats rentrant du front, des pauvres, tels sont les annonciateurs de la révolution d'Octobre. Ce fut « un soldat pauvre du village de Troïtzk, qui y porta cette nouvelle »[2]. Longtemps après la révolution, le bolchévisme pénétra dans le district de Kniaguinsk (région de Nijni-Novgorod) grâce aux ouvriers de fabriques et aux soldats devenus du front[3].

1. *Le mouvement révolutionnaire dans la région de Nijni-Novgorod*, t. III, p. 216.
2. *Idem*, p. 221.
3. *Idem*, p. 243.

Dans les centres de la grande bourgeoisie industrielle et commerçante la révolution d'Octobre rencontra une vive résistance. Ce fut le cas à Moscou, Saratov, Irkoutsk et, partiellement, à Nijni-Novgorod. Le prolétariat était nombreux dans ces villes, mais la bourgeoisie l'était aussi et se sentait puissante. Les ouvriers y reçurent avec enthousiasme le signal de la révolution d'Octobre. Des C.R.M. s'y formèrent immédiatement, autour desquels commencèrent à s'organiser et s'armer les gardes rouges. La bourgeoisie résista, ralliant tous les éléments contre-révolutionnaires. A Saratov « des lycéens, des étudiants, des élèves des écoles militaires vinrent au secours de la Douma municipale, pensant livrer combat à la révolution ouvrière » [1]. On ne trouva parmi les défenseurs du Gouvernement Provisoire fait prisonnier à la Douma de Saratov « pas un soldat, pas un ouvrier, même d'entre les menchéviks et les socialistes-révolutionnaires. L'instinct de classe les avait guidés à la minute décisive. La « démocratie » des menchéviks et des socialistes-révolutionnaires était exclusivement composée de *gens comme il faut* » [2].

Les tentatives de résistance de la bourgeoisie à la révolution victorieuse étaient d'avance vouées à l'échec. Les défenseurs du Gouvernement Provisoire étaient, malgré leur armement et leur immense supériorité technique, en déroute. Ils ne formaient pas une masse compacte et cohérente ; venus de divers milieux bourgeois, ils étaient faiblement organisés et indécis. A Nijni-Novgorod, la Douma municipale et le Comité du Salut de la Patrie et de la Révolution se réunissent, discourent indéfiniment, adoptent des motions, mais ne font preuve d'aucune activité réelle. A Saratov, les défenseurs du Gouvernement Provisoire se rendent dès qu'ils ont essuyé les premiers coups de fusil des révolutionnaires.

---

1. *La Révolution prolétarienne*, n° 10, p. 257.
2. *Idem*, p. 261.

A Kazan, ils sont tout bonnement livrés à eux-mêmes : les soldats sur lesquels ils comptaient passent à l'insurrection et les volontaires bourgeois se révèlent incapables de combattre.

Le cours de la révolution d'Octobre varia dans les régions avec la composition sociale de la population.

En Grande Russie, en Sibérie, dans la région du Volga, la révolution trouva des partisans dévoués parmi les prolétaires et les paysans pauvres. Les tentatives de résistance de la bourgeoisie étaient condamnées à l'échec par les dissensions intestines des classes possédantes. Les masses de travailleurs dirigées par les bolchéviks assuraient le succès de la révolution d'Octobre. La fusion des deux courants de la révolution se faisait surtout sentir dans les campagnes. Les paysans dirigés par le prolétariat abolirent la propriété seigneuriale et les distinctions de castes qui divisaient la population et établirent l'égalité des nationalités. Ils soutenaient à la même heure le prolétariat en brisant la résistance de la contre-révolution rurale. En Grande Russie la révolution d'Octobre fut promptement affermie dans les régions industrielles. Autre fut sa marche dans les pays du sud dont la structure économique et sociale est différente.

Les événements du G.Q.G. eurent, comme ceux de Pétrograd et de Moscou, une grande importance. Ils privèrent les adversaires de la révolution de tout appui, firent passer l'armée aux Soviets et donnèrent à la lutte pour la paix un caractère organisé. Dès les premiers jours, le Comité du Salut de la Patrie et de la Révolution « en relation avec le grand Etat-major songea, d'après Stankiévitch, à reporter le G.Q.G. de Mohilev plus au sud et à en faire sa principale base d'opérations ». Le parti socialiste-révolutionnaire qui dirigeait la résistance à la révolution ouvrière tenta d'y constituer un gouvernement qui se fût opposé au Conseil des Commissaires du Peuple. Tchernov, Gotz, Hernstein, Avxentiev, tous membres du Comité Exécutif du parti s.-r. furent envoyés au G.Q.G. On pensa à réunir à Mohilev, sous l'égide de l'Etat-major, un congrès panrusse des députés paysans.

Il n'y avait à Mohilev, petite ville provinciale dépourvue d'industrie, ni prolétariat important ni organisation bolchéviste; aussi le Soviet local était-il hésitant et irrésolu. Il y avait un Conseil d'Armée élu dans les premiers jours de la révolution de février et composé de militants irrésolus, sans contact avec la masse. Les gradés avaient leur comité à eux. Ces diverses organisations accueillirent avec hostilité l'annonce de la révolution d'Octobre. Le Comité d'Armée télégraphiait le 31 octobre au comité panrusse des cheminots : « Représentants du Comité d'Armée auprès du grand Etat-major, nous nous prononçons sans la moindre hésitation contre la tentative des bolchéviks d'imposer par la force leur volonté au pays. A la force nous répondrons par la force. Des troupes fortes de leur bon droit marchent sur Pétrograd. Toutes les mesures prises par le grand Etat-major sont appliquées sous notre contrôle. Nous ne voulons pas verser le sang. Quand les bolchéviks auront déposé les armes et se seront soumis à la décision du Comité panrusse du Salut de la Patrie et de la Révolution, organe investi des pleins pouvoirs de la démocratie, les troupes seront rappelées. Pas une goutte de sang ne sera versée inutilement. Si la droite tente de mettre les troubles à profit à des fins contre-révolutionnaires, nous nous dresserons de toute notre force contre la contre-révolution. Nous vous demandons de nous faire confiance. N'entravez pas le mouvement de nos troupes. Nous vous invitons à déléguer un représentant au sein de notre organe dirigeant, pour y collaborer avec nous en ces heures difficiles » [1].

---

1. LELEVITCH: *Octobre au Grand Etat-Major*, p. 31.

Le Comité d'Armée déclarait ainsi la guerre aux bolchéviks, dirigeait les opérations, organisait les forces et exposait son programme de transmission du pouvoir au Comité du Salut de la Patrie et de la Révolution. Cette déclaration ne fut qu'un geste, le Comité ne disposant d'aucune force réelle. Les représentants du commandement et des cadres se prononçaient dans le même sens. Une dépêche, en date du 31 octobre, signée du général Doukhonine et du Commissaire du Gouvernement Provisoire, exigea « au nom de l'armée et de la flotte la cessation immédiate des violences bolchévistes, le renoncement des insurgés à toute prise du pouvoir par les armes et la soumission sans conditions au Gouvernement Provisoire, investi de pleins pouvoirs par la démocratie, et seul capable de conduire le pays jusqu'à l'Assemblée constituante qui sera le seul maître de la terre russe ». — « L'armée active, était-il dit, dans ce texte comminatoire, appuiera cette exigence par la force [1] ».

Mais le Gouvernement Provisoire était déjà battu ; pas un soldat, pas un ouvrier, ne se levait pour le défendre. A Pétrograd, les adversaires de la révolution d'Octobre, au lieu de la combattre à découvert, tentèrent d'entrer en pourparlers avec le Comité Révolutionnaire Militaire, et ce fait eut un certain retentissement au grand Etat-major. Le Comité d'Armée qui venait en somme de prêcher la guerre sainte contre les bolchéviks se mit à parler de compromis; abandonnant son premier point de vue et renonçant à combattre les Soviets, il proposa une nouvelle plate-forme : « Au nom de la liquidation immédiate de la crise et de la lutte contre l'anarchie, réaliser l'union de toutes les forces démocratiques contre le danger de droite ; maintenir au front le calme et l'unité. Le Comité d'Armée préconise la formation d'un gouvernement socialiste homogène qui compren-

---

1. LELEVITCH : *Octobre au Grand Etat-Major.* p. 32.

drait des socialistes populaires et des bolchéviks, sur la plate-forme suivante : prompte convocation de l'Assemblée constituante, transmission des terres aux Comités agraires et proposition immédiate d'une paix générale » [1]. La défaite des troupes de Krasnov et de Kérensky sous Pétrograd avait profondément modifié l'état d'esprit du grand Etat-major ; on n'y parlait plus de prendre les armes mais de s'entendre. Verkhovsky (ministre de la guerre du Gouvernement Provisoire), Tchernov et Gotz arrivèrent le 4 novembre au G. Q. G.

Le Comité d'Armée négociait avec la Rada d'Ukraine qui se montrait nettement hostile à la révolution d'Octobre. Le résultat de ces pourparlers fut un appel, invitant « l'armée active, représentée par ses comités, à prendre l'initiative de la formation d'un gouvernement ». « Le Comité d'Armée propose à toutes les organisations de l'Armée de présenter, afin de hâter la formation d'un gouvernement, leurs candidats à la présidence du conseil. Il présente, quant à lui, la candidature du leader du parti socialiste-révolutionnaire, Victor Mikhaïlovitch Tchernov ». L'appel se terminait par ces mots : « Camarades serrez les rangs autour de ce nom et la crise sera résolue » [2]. Cet appel n'eut aucun écho. Les ouvriers et les paysans mobilisés accueillaient avec enthousiasme la révolution d'Octobre à laquelle ils se ralliaient en masse. On se préparait au G. Q. G. à réunir une conférence afin de débattre l'organisation du pouvoir. Les organisations de l'armée qui ne subissaient pas encore l'influence bolchéviste, hésitaient. Le *Bulletin* du Comité d'Armée déclara : « Etant donné la modification du rapport des forces au sein des comités de l'armée, le Comité a résolu

---

1. LELEVITCH : *Octobre au Grand Etat-Major*, p. 34.
2. *Ibid.*, p. 62.

de s'abstenir de toute participation active à l'organisation et à la convocation de cette conférence » [1].

C'était aux soldats de décider. Le Comité d'Armée sonna la retraite sur toute la ligne. S'étant d'abord déclaré intransigeant il se mit au bout de quelques jours à parler d'un ton non moins catégorique de compromis et ne tarda pas à se proclamer neutre et à proclamer la neutralité du G.Q.G. Il n'avait pas plus de politique définie que de forces. Les armées des fronts nord et nord-ouest passaient aux bolchéviks. Le grand Etat-major, ses fonctionnaires, ses officiers, ses généraux, d'abord soutenus par les représentants de l'Entente, avaient déclaré la guerre au pouvoir des Soviets mais s'empressaient maintenant de rouler leur drapeau. Les bataillon de Saint-Georges, sur lesquels comptaient les contre-révolutionnaires, empêchèrent le départ du G.Q.G. pour le sud et ne voulurent pas se battre. L'Etat-major ne put compter que sur quelques bataillons de choc.

Le conflit du général Doukhonine et du Conseil des Commissaires du Peuple obligea ce dernier à reporter son attention sur le G.Q.G. Doukhonine avait refusé l'obéissance et refusait d'engager des pourparlers de paix. Toutes les déclarations contradictiores du Comité d'Armée se révélaient inopérantes. Le sol se dérobait sous les pieds du Comité tandis que montait le flot bolchéviste gagnant le front et l'armée, submergeant les adversaires des Soviets. La croissance de l'autorité et de la force des Soviets s'attestait à Mohilev même : des troupes d'élite spécialement formées pour le service du G.Q.G. s'en écartaient maintenant et ne se bornaient pas à s'en écarter, mais arrêtaient leurs officiers qui, dans la nuit du 18 novembre, tentaient de gagner Kiev et de se mettre, l'impossibilité de combattre le pouvoir des ouvriers et des paysans constatée, sous la protection de

---

1. LELEVITCH : *Octobre au Grand Etat-Major*, p. 71.

la Rada d'Ukraine. Des changements analogues s'opéraient au Soviet de Mohilev : il avait adopté le 29 octobre une résolution condamnant les insurrections des capitales ; il en adoptait, le 18 novembre, une autre reconnaissant le nouveau pouvoir, adoptant la plate-forme du deuxième congrès des Soviets, élisant un C.R.M. et assumant le contrôle des actes du grand Etat-major. Voici le rescrit qu'il publia en cette circonstance :

« 1° Conformément à l'ordre du Gouvernement des Commissaires du Peuple institué par la volonté de la révolution d'Octobre, le Comité Révolutionnaire Militaire de Mohilev, composé des représentants du Comité Exécutif du Soviet de Députés ouvriers et soldats de la ville et des représentants du Comité Révolutionnaire Militaire du front Ouest et de l'armée, se déclare la plus haute autorité à Mohilev et dans la contrée avoisinante, et assume le contrôle de l'activité du Grand Quartier Général.

« 2° Tous les ordres du C.R.M. doivent être exécutés sans délai ni réserve.

« 3° Quiconque ne reconnaît pas et n'exécute pas les ordres et dispositions du Gouvernement des Commissaires du Peuple et du Comité Révolutionnaire Militaire est passible d'une arrestation immédiate, de la révocation et de la suppression du traitement.

« 4° Quiconque s'oppose au pouvoir des Commissaires du Peuple et du C.R.R. sera immédiatement arrêté et jugé par un conseil de guerre révolutionnaire » [1].

Ce rescrit était publié le 19 novembre ; le jour même les bataillons de choc, précédés des représentants français et anglais, des officiers et des généraux, quittaient Mohilev;

____

1. Le général Doukhonine fut lynché par les marins. (*N. du Tr.*)

un contingent de marins entra dans la ville le 20. L'état-major contre-révolutionnaire tombait tout seul. N'ayant ni force ni plan d'action, les généraux sans armée, hésitants et désemparés se sauvaient. La masse des soldats tranchait la question. Elle faisait la force de la révolution d'Octobre au front, elle réduisait à l'impuissance les ennemis du pouvoir des Soviets, abandonnés à eux-mêmes. C'était inévitable, on l'avait senti dès les premières minutes et nous comprenons pourquoi les s.-r. et les menchéviks, arrivés au G.Q.G. pour y organiser la lutte contre le prolétariat, télégraphiaient le 10 novembre à Zenzinov et Tsérételli : « Le pays devra certainement traverser une certaine phase de désagrégation, jusqu'au moment où les milieux démocratiques ayant repris leur sang-froid et leur cohésion opposeront leur contrepoids à l'aventure bolchéviste » (Lélévitch). Il ne se trouva pas au G.Q.G. de terrain favorable à la cohésion des milieux démocratiques. C'était édifiant ; mais pas pour les s.-r., semble-t-il.

La révolution d'Octobre trouva au front, dans la masse ouvrière et paysanne de l'armée, des défenseurs enthousiastes. Au moment où elle se produisit, les fronts les plus rapprochés des gouvernements industriels étaient déjà aux mains du parti communiste ; les organisations de base de l'armée y avaient passé aux bolchéviks après l'affaire Kornilov. Les menchéviks et les s.-r. ne se maintenaient que dans les organisations centrales qui n'avaient pas été réélues depuis longtemps et sur les fronts éloignés des centres industriels. Les mémoires donnent très peu de renseignements sur la révolution d'Octobre, c'est-à-dire sur la prise du pouvoir, au front. Mais le peu qu'ils donnent nous montre un tableau que nous avons déjà observé dans les provinces centrales, éloignées du front. Les masses des ouvriers et des paysans étaient là, comme à l'armée celles des soldats, tout entières avec la révolution; ou elles y étaient préparées, ou elles s'y ralliaient à la première nouvelle. Elles faisaient preuve d'un enthousiasme prodigeux et d'une étonnante capacité d'organisation. Les officiers, les médecins, les intendants étaient, par contre, les adversaires de la révolution. Ils se trouvaient souvent au sommet de l'organisation politique de l'armée, mais la pression des masses les empêchait, quelque désir qu'ils en eussent, de résister et leurs milieux se désagrégeaient, dépourvus de fermeté politique et emportés par les masses qui conquéraient les organisations centrales après avoir conquis les organisations de base. Ainsi s'accomplit la révolution au front nord et au front roumain. Sous Riga, l'influence du parti bolchéviste était très forte parmi les troupes ; l'organisation du parti était au courant des préparatifs faits à Pétrograd, Antonov-Ovséenko, délégué du Comité Central, l'avait informé de la tâche assignée au front de Riga et qui était de ne pas laisser les partisans du Gouvernement Provisoire, s'il s'en trouvait, partir pour Pétrograd. Le *Fusilier Letton*, préparant dès le 21 octobre les soldats aux événements, écrivait dans un article de fond : « Nous approchons de la bataille décisive. Nous sommes à la veille d'événements exceptionnels et de changements décisifs. L'abîme s'est creusé entre le prolétariat et la bourgeoisie; les conciliateurs ne réussiront pas à le combler. Le problème du pouvoir est maintenant le problème capital. La guerre entre le prolétariat et la bourgeoisie est inévitable, les jours prochains en décideront l'issue. Soyez prêts. Il n'y a pas d'autre solution »[1]. Le Comité d'Armée ne capitulait pas et se préparait, lui aussi, à la lutte. Il établissait une surveillance permanente des appareils télégraphiques, ce qui n'empêcha pas les télégraphistes d'intercepter, dans la nuit du 25 octobre, une dépêche relatant les événements de Pétrograd et de la transmettre aux bolchéviks.

1. DRAUDINE, *Octobre au front de Riga*. p. 23.

Les communistes s'armèrent aussitôt, un C.R.M. se forma ; le Comité d'Armée et le C.R.M. adressèrent chacun de leur côté des appels et des proclamations aux troupes. Le 26 octobre le C.R.M. publiait un appel ainsi conçu : « L'heure décisive a sonné. Il faut des actes. Venez en aide à Pétrograd révolutionnaire. Refusez d'exécuter les ordres des contre-révolutionnaires. Empêchez l'envoi de troupes à Pétrograd. Il ne doit pas se trouver de bourreaux de la révolution dans la XIIe Armée ! ». Le C.R.M. envoyait des émissaires à toutes les unités. De son côté l'ancien Comité d'Armée publiait un appel contenant ces mots : « Camarades soyez calmes et fermes. N'exécutez aucun ordre émanant du C.R.M. Soyez avec le peuple entier. Le C.R.M. est déclaré illégal et factieux ». Mais les adversaires du C.R.M. n'avaient aucune force réelle. Les troupes envoyaient des délégués au C.R.M. lui promettre aide et assistance. Le congrès de l'armée devait trancher les débats. Bien qu'il eût été élu avant la révolution d'Octobre et que « le ministre des ruraux », V. Tchernov, y vînt en personne, ce congrès fut une défaite pour le Gouvernement Provisoire. «Les élections au congrès, écrit le camarade Draudine, donnent un tableau intéressant. Toute la première ligne, tous les hommes de tranchée sont pour les bolchéviks ; tous les gradés, tous les bureaux et les ateliers ainsi que la moitié de l'arrière sont pour la coalition gouvernementale ». Le congrès se réunit le 27 octobre et, bien que les partisans de la révolution y fussent en majorité, il ne réussit pas à constituer un pouvoir ferme. Il fallut pour affermir au front de Riga le pouvoir des Soviets, le congrès extraordinaire de l'armée du 15 novembre. A ce dernier congrès 261 députés se prononcèrent pour le pouvoir des Soviets et le bloc des gauches, et 133 représentants de l'arrière et des bureaux pour un cabinet de coalition. Le tableau est donc très net : les hommes de tranchées suivent les bolchéviks, se rallient et s'organisent autour d'eux ; les partisans du Gouvernement Provisoire sont des généraux sons troupes, bruyants mais impuissants, car ils ne peuvent compter que sur les milieux privilégiés.

On observe à peu près la même chose au front roumain si éloigné des centres. On y est mal informé sur les événements et ce n'est qu'au début de novembre, vers le 10, que l'annonce de la révolution d'Octobre y parvient. De façon générale la masse des soldats ne commence à sortir ici de sa torpeur qu'en octobre; c'est ici que le Gouvernement Provisoire avait envoyé ses adversaires vaincus des 3-5 juillet. « Des troupes qui avaient assisté à Pétrograd aux événements de juillet et qui y avaient parfois participé commencèrent à arriver en octobre au front roumain. L'état d'esprit général s'améliora, les soldats sortirent de leur inactivité, des réunions clandestines commencèrent, mais on manqua de meneurs. A la fin d'octobre des bruits confus coururent sur les nouveaux' événements de Pétrograd. Vers le 10 novembre on reçut le *Rouskoïé Slovo*. Les milieux officiels furent complètement désemparés. Nous informâmes les soldats en les invitant à réélire les comités régimentaires. Les s.-r. de droite dirigés par les officiers lancèrent aussitôt des bruits sur la rupture du front et les prétendus massacres de Pétrograd et sur la volonté, manifestée par Lénine, de continuer la guerre »[1]. La révolution se passa donc au front roumain tout autrement qu'au front nord, mais le groupement des forces sociales n'y fut pas moins net: les ouvriers et les paysans furent *pour*; les officiers, la bourgeoisie petite et moyenne, dirigés par les s.-r. et les menchéviks, furent *contre*. Le Comité Exécutif du front roumain, composé à ce moment de menchéviks et de s.-r., fit preuve d'une complète incompréhension des événements et d'une complète débilité. Tandis que sa gauche bolchéviste présentait une motion ap-

---

1. *Révolution prolétarienne*, n° 10, p. 428.

prouvant chaleureusement les événements de Pétrograd, et que sa droite formée de socialistes-révolutionnaires insistait sur l'envoi de troupes sûres à Pétrograd, le centre soutenu des s.-r. de gauche adoptait une motion déclarant que « le Comité Exécutif du front roumain, sans condamner et sans approuver le coup de force de Pétrograd, ne croyait pas possible de prêter à Kérensky le concours des troupes du front roumain » [1]. Cette décision d'inactivité n'eut d'autre conséquence pour les menchéviks et les s.-r. que de leur faire perdre le pouvoir.

Les événements du front répétaient ainsi, sous une forme particulière, ceux de l'arrière. La masse des soldats suivait les bolchéviks, s'organisait spontanément, faisait avec les forces de ses millions d'hommes la révolution ; les milieux privilégiés de la bourgeoisie petite et grande — généraux, officiers, fonctionnaires, médecins — se dressaient contre elle à la suite des s.-r. et des menchéviks. Au moment de la révolution, ces milieux et ces partis se trouvèrent de l'autre côté de la barricade, infime poignée de résistants en face de millions de travailleurs, infime poignée de résis-tants sans plan d'action déterminé, sans intelligence claire des événements, riche en capacités techniques, mais man-quant de cohésion psychologique et faiblement organisée.

---

1. *Annales de la Révolution*, n° 1, p. 175 (Kharkov).

CHAPITRE XI

En même temps qu'ils comptaient organiser la résistance avec le concours du G. Q. G. les menchéviks et les s.-r. s'efforçaient de garder en main l'ancien Comité Exécutif panrusse des Soviets et de s'en faire un instrument contre le pouvoir des Soviets. Ne reconnaissant pas le II* Congrès, ils ne reconnurent pas non plus le nouveau Comité Exécutif panrusse central (Vtsik) élu par ce congrès. L'ancien Vtsik refusa de transmettre ses pouvoirs et les sommes dont il disposait aux communistes. Il continua de se réunir avec régularité et participa à toutes les entreprises dirigées contre le pouvoir des Soviets. Il fut décidé à l'une de ses premières réunions de déclarer en réponse à la sommation de Kaménev — transmettre dans les deux jours toutes les affaires courantes — que les affaires, les biens, etc. ne pourraient être transmis qu'à un congrès légal investi des pouvoirs voulus et au Comité Exécutif que ce congrès élirait. « Le II* Congrès ouvert le 25 octobre a été déclaré par nous inexistant; aussi le Comité Exécutif qu'il a élu n'est-il pas en droit de nous demander des comptes quels qu'ils soient, ce dont nous vous informons. » La question de l'activité future de l'ancien Vtsik fut discutée à l'une de ses premières séances. Les assistants estimèrent que sa tâche était de réunir le II* Congrès panrusse des Soviets, en d'autres termes, de combattre les bolchéviks et de tenter de reprendre le pouvoir avec l'aide des Soviets mêmes. A cette fin le Vtsik, délibérant clandestinement, décida d'entrer en relation avec tous les Soviets et tous les Comités d'Armées et de rallier autour de lui ceux qui admettraient sa plate-forme de résistance à la révolution d'Octobre et de non reconnaissance du IIe Congrès. La question de la participation à la lutte pour l'Assemblée constituante fut aussi posée. L'ancien Vtsik délégua un représentant à la Ligue de Défense de l'Assemblée constituante formée par les s.-r., donna des fonds pour l'organisation de manifestations, travailla, en un mot, à rassembler par toute la Russie les forces hostiles au nouveau pouvoir en voie d'affermissement.

L'activité de ces généraux sans troupe devint de plus en plus fiévreuse à mesure qu'on approcha de la date fixée pour la réunion de l'Assemblée constituante. Le 24 décembre avait lieu une grande réunion du bureau de l'ancien Vtsik, de délégués de la Ligue pour la Défense de l'Assemblée constituante et du Comité Exécutif des Soviets paysans. On débattit la question de la participation au IIIe Congrès des Soviets convoqué, au début de janvier, par les Commissaires du Peuple. Un des orateurs estima que « les bolchéviks ne réussiraient pas à réunir un congrès imposant » et que, « si l'on réussissait à y avoir 100 ou 150 députés, la manifestation serait importante ». Le Bureau décida, après de longs débats, de réunir une conférence des délégués des organisations soviétiques et militaires sympathisant avec l'Assemblée constituante et de ne point participer au congrès convoqué par le Conseil des Commissaires du Peuple. Le Vtsik des s.-r. et des menchéviks décidait ainsi de constituer un organe parallèle au IIIe Congrès des Soviets. C'était commencer la guerre civile. L'objet de la conférence était en effet de rassembler les organisations démocratiques autour de l'Assemblée constituante et de combattre pour le principe et l'intégrité du pouvoir de celle-ci.

L'ancien Vtsik publia le 28 décembre 1917 un manifeste à tous les Soviets de Députés Ouvriers et Soldats, à tous les comités de l'armée et de la flotte, à toutes les organisations groupées autour des Soviets et des comités. C'était plutôt un acte d'accusation qu'un manifeste. Ce document se réduisait à l'invitation à ne point participer au III⁰ Congrès, mais à se faire représenter à la conférence dont le premier Vtsik prenait l'initiative. Que de maux le pouvoir des Soviets n'avait-il pas causé en deux mois! « Le Nord et l'armée sont menacés par la famine, l'industrie agonise, des centaines d'usines et de fabriques ont cessé le travail... La volonté du peuple entier est menacée par la violence ; les usurpateurs d'octobre, qui annonçaient la réunion à bref délai de l'Assemblée constituante, tentent, maintenant que les élections ont eu lieu, de garder le pouvoir en arrêtant les constituants et en préparant la dissolution de l'Assemblée... ».

En même temps qu'ils s'efforçaient de créer un organe susceptible d'être opposé au III⁰ Congrès des Soviets, les s.-r. tentaient de réunir à Pétrograd des forces capables d'agir le jour de l'ouverture de la Constituante. L'ancien Vtsik leur donna les ressources nécessaires à la manifestation de ce jour, manifestation qui devait, si elle était suivie des masses, se transformer en soulèvement antibolchéviste. Deux jours avant l'ouverture de l'Assemblée constituante, les s.-r. formèrent un état-major chargé de diriger la manifestation et l'action. Voici ce qu'en dit un membre de leur comité central, Timoféiev : « Nous supposions qu'il ne nous serait pas possible de prendre ce jour-là l'offensive contre les bolchéviks; mais nous avions besoin de rassembler des forces pour défendre l'Assemblée constituante contre une agression possible (et qui se produisit en effet) des bolchéviks. Aussi voulions-nous nous entourer de citoyens dont voici la liste [il s'agit de la liste officielle des manifestants] et, d'autre part, de citoyens armés ou susceptibles d'être armés, c'est-à-dire appartenant à l'armée. C'est pourquoi nous conduisîmes cette manifestation vers l'Assemblée constituante. Nous pensions que celle-ci, ainsi entourée, se sentirait plus en sécurité et plus forte et nous n'eussions rien objecté à ce que la garde que vous aviez placée [ce *vous* s'adresse aux bolchéviks] autour de la Constituante fût écartée même par la force. L'Assemblée devait se garder elle-même. Nous eussions ensuite fait une déclaration. Le président de l'Assemblée constituante devait demander que la garde fût relevée. Si la garde avait refusé de s'en aller, nous l'eussions peut-être éloignée par force. Peut-être nous fussions-nous bornés à la doubler d'une garde à nous. On ne peut prévoir à l'avance ces sortes de choses et vous savez, en qualité de commandant en chef, qu'il faut s'orienter sur place. Je n'ai pas commandé les armées russes; mais je sais qu'il faut garder l'initiative et choisir le moment de toute action concrète. Nous voulions en tout cas une chose: que l'Assemblée constituante fût entourée de citoyens fidèles et disposât d'une force protégeant ses délibérations. Qu'eussions-nous fait plus tard? Nous laissions à l'avenir le soin de le décider. Peut-être eussions-nous cru possible de passer de la défense de l'Assemblée constituante à l'assaut de Smolny, mais nous eussions préféré que vous sortissiez de Smolny »[1]. L'action des s.-r. échoua, les masses ne les ayant pas suivis. Les s.-r. et les menchéviks perdirent cette bataille comme ils devaient perdre toutes les batailles après la révolution d'Octobre. Ayant à grand'peine créé le Comité du Salut de la Patrie et de la Révolution, ils ne purent rassembler autour

---

1. Déposition au procès des s.-r. de droite en 1922. D'après M. **POKROVSKY**: *Ce qu'a démontré le procès des s.-r.*

de lui des forces tant soit peu appréciables. Leur tentative d'utiliser celles du G.Q.G. avorta. La troupe ouvrière et paysanne leur déroba le sol sous les pieds. Leur dernière tentative de mettre à profit l'autorité des Soviets, en réunissant sous l'égide de l'ancien Vtsik la force vive de leurs organisations pour défendre l'Assemblée constituante, n'aboutit à rien. Les masses ouvrières et paysannes, qui voyaient dans le pouvoir des Soviets leur pouvoir, se refusaient à suivre ces partis petits-bourgeois, dès lors sans force. L'Assemblée constituante mourut de mort naturelle comme une institution inutile [2].

---

1. L'Assemblée constituante fut dissoute le 6 (19) janvier par un décret des Commissaires du peuple, sans opposer la moindre résistance.

CHAPITRE XII

Le triomphe de la dictature du prolétariat. Le IIIe Congrès des Soviets.

Le double caractère de la révolution d'Octobre, qui achevait une révolution bourgeoise démocratique et commençait une révolution socialiste, s'était manifesté avec assez de vigueur et de clarté au IIe Congrès des Soviets. Toutes les mesures décidées par ce congrès, tous les décrets, en portaient la marque; mesures et décrets s'adressaient, d'une part, à la révolution bourgeoise démocratique et, de l'autre, à la révolution socialiste. Toutes les mesures du pouvoir des Soviets prises dans les premiers mois de son existence eurent le même caractère. Le prolétariat et les paysans bâtissaient l'édifice de leur pouvoir politique en cours de lutte, en brisant la résistance acharnée des classes ennemies.

Les gouvernements provisoires de toutes nuances, de toutes variétés de coalition, avaient maintenu intacte, jusqu'à la révolution d'Octobre, l'ancienne Russie féodale et seigneuriale. Le pouvoir des Soviets dut abattre tout de suite son lourd marteau sur ces vestiges du passé. L'un des premiers décrets du Conseil des Commissaires du Peuple abolit les castes et les dignités civiques. Le gouvernement de la petite et de la grande bourgeoisie, le gouvernement des s.-r. et des menchéviks, n'avait pas eu la force de sanctionner par un acte législatif l'abolition de vestiges du passé qui, depuis la révolution de février, appartenaient déjà à l'histoire. Le pouvoir des Soviets formulait ainsi le 10

novembre l'une des conquêtes de la révolution bourgeoise:
« Toutes les castes existant jusqu'à présent en Russie, toutes
les divisions des citoyens en castes, tous les privilèges et
toutes les restrictions de caste, toutes les institutions et les
organisations de caste, sont abolis ainsi que toutes les dignités civiques. »

Le caractère bourgeois démocratique de la révolution
d'Octobre apparaît aussi dans la déclaration des droits des
nationalités. Cette déclaration proclamait : « 1° l'égalité et
la souveraineté des peuples de la Russie; 2° le droit de
ces peuples à disposer d'eux-mêmes jusqu'à se séparer complètement et à former des États indépendants; 3° la révocation de tous les privilèges nationaux, religieux-nationaux et
de toutes les restrictions du même ordre; 4° la liberté du
développement des minorités nationales et des groupes
ethnographiques sur le territoire de la Russie ». Le décret
abolissant l'oppression nationale et l'inégalité des peuples
est purement bourgeois, et n'importe lequel des gouvernements provisoires antérieurs à la révolution d'Octobre aurait pu le promulguer la conscience tranquille, en en
excluant bien entendu la deuxième partie du paragraphe 2
qui reconnaît aux nationalités le droit de complète sépara-
tion. Sur ce point le caractère socialiste de la révolution
d'Octobre s'exprimait, donnant un nouvel accent au décret
tout entier. L'oppression nationale et religieuse, l'inégalité
des nationalités, les privilèges de caste étaient autant de
survivances de l'État féodal et seigneurial maintenu, en
même temps que dans l'économique (par la grande propriété foncière des anciennes castes), dans la superstructure
des normes et institutions juridiques. La révolution d'Octobre opérait ici et là une complète démolition. Le tsarisme
était mort en février, la main des prolétaires et des paysans
en extirpait en octobre les racines. Mais le double caractère
de la révolution d'Octobre ne se traduisait pas uniquement

par la destruction des survivances de la féodalité et l'affirmation de la révolution bourgeoise; la révolution socialiste croissait aussi, affirmant son esprit prolétarien.

On le vit avec une grande netteté dans les questions de propriété. Le décret sur le contrôle ouvrier disait: « Article 6. Les organes du contrôle ouvrier ont le droit de surveiller la production, d'en établir les normes par entreprise et de rechercher le coût des articles produits. — Art. 7. Les organes du contrôle ouvrier ont le droit de contrôler toute la correspondance d'affaires des entreprises. En cas de dissimulation, les propriétaires sont responsables devant les tribunaux. Le secret commercial est aboli. Les propriétaires sont tenus de présenter aux organes du contrôle ouvrier tous leurs livres et bilans tant pour l'année courante que pour les exercices écoulés. — Art. 8. Les décisions des organes du contrôle ouvrier sont obligatoires pour les propriétaires d'entreprises et ne peuvent être révoquées que par décision des instances supérieures du contrôle même. » Ce décret, promulgué le 14 novembre 1917, ne parlait que de contrôle et mentionnait à chaque instant les propriétaires; mais — et c'est ce qu'il y a de remarquable — rendant obligatoire les décisions du contrôle ouvrier, il transformait du coup les organes de contrôle en organes d'administration, abolissant par conséquent la propriété privée des moyens de production. Le décret sur le contrôle ouvrier constituait, de même que la déclaration des droits des nationalités, un pas dans la voie de la révolution socialiste; la tendance socialiste dominant dans ces mesures attestait que la révolution bourgeoise était dépassée. La même dualité, avec prédominance de l'élément socialiste, est à observer dans le décret instituant le Conseil de l'Economie Nationale.

Les aspects bourgeois démocratiques et socialistes de la révolution d'Octobre se tenaient étroitement, les premiers affermissant et soulignant les seconds; la liquidation de tous les aspects de la grande propriété foncière et des vestiges de la féodalité dans l'économie russe opposait la masse petite-bourgeoise des ruraux à la grande bourgeoisie et aux propriétaires fonciers, dont les intérêts étaient étroitement connexes à ceux du capital bancaire qui tenait aussi fermement entre ses mains le seigneur grand-russien que l'industriel. La lutte pour la terre se heurtait à la résistance du capital financier et se confondait avec la lutte du prolétariat et l'organisation de l'économie. Les banques ne pouvaient être frappées que par l'expropriation. Le double caractère de la révolution d'Octobre en marche vers le socialisme, bien qu'elle ne mît pas le socialisme à l'ordre du jour, amenait le prolétariat et le paysan à adopter une attitude équivoque en détruisant d'une part le système bourgeois maintenu de l'autre. C'était manifeste dans le décret sur le contrôle ouvrier, ce ne le fut pas moins dans le décret de nationalisation des banques. Il y était dit: « La bonne organisation de l'économie nationale et la répression décisive de la spéculation bancaire exigent, ainsi que l'émancipation complète des ouvriers, des paysans et de toute la population laborieuse de l'exploitation des financiers, la formation d'une banque unique de la république russe servant vraiment les intérêts du peuple et des classes les plus pauvres. Le Comité Exécutif panrusse des Soviets décide à cette fin : 1° Les affaires bancaires deviennent un monopole d'Etat; 2° toutes les banques privées constituées par actions et tous les offices financiers fusionnent avec la Banque d'Etat ». Ce décret fut adopté le 14 décembre.

Défendant les conquêtes de la petite bourgeoisie, les Soviets engageaient une lutte mortelle avec le capital financier; élargissant et affermissant les conquêtes du prolétariat, ils portaient à la bourgeoisie des coups de plus en plus redoutables. Dans sa lutte pour la paix, la petite bourgeoisie travaillait mieux encore pour le socialisme que dans sa lutte pour la terre. Le caractère international de la révolution d'Octobre s'y révélait dans toute sa grandeur; mais on voyait aussi les deux aspects de la révolution se tenir, étroitement connexes, et se transformer l'un en l'autre malgré les contradictions internes. La révolution bourgeoise démocratique devenait une révolution socialiste. On avait vu, au IIe Congrès des Soviets, la masse petite-bourgeoise des paysans lever le drapeau de la révolution mondiale en adoptant le décret sur la paix, on le vit mieux encore au cours de la lutte pour la paix qui se déroula en novembre et décembre. Le décret sur l'annulation des dettes libéra les paysans russes du tribut qu'ils devaient payer au capitalisme mondial; ce fut aussi une déclaration de guerre au capitalisme mondial; un coup direct porté à ses bases mêmes, un appel au prolétariat mondial, la première bataille de la révolution mondiale. Le caractère prolétarien socialiste de la révolution d'Octobre apparaissait de plus en plus nettement sous ses deux formes. Lénine écrivait au cours de l'été 1927 : « Périr ou nous jeter à toute vapeur en avant, voilà comme l'histoire pose la question ». La révolution d'Octobre montrait que les prolétaires et les paysans comprenaient cette question et y faisaient une réponse claire. La fusion des deux courants de la révolution d'Octobre, la subordination de ses réalisations bourgeoises démocratiques à ses objectifs socialistes, le passage de la lutte contre les survivances féodales à la lutte du prolétariat contre la bourgeoisie amenaient la petite bourgeoisie paysanne obligée de défendre ses intérêts bourgeois — la paix, la terre — à livrer combat à la bourgeoisie russe et mondiale, affermissant ainsi l'aspect socialiste de la révolution et suivant ceux qui, en raison de leur situation sociale, ne connaissaient d'autre lutte que la lutte contre le capital.

Longtemps auparavant le prolétariat avait l'hégémonie dans la lutte qu'il soutenait pour sa propre émancipation et pour l'abolition de l'Etat seigneurial-féodal. Cette hégémonie, il la garda après la révolution d'Octobre, l'affermissant même et ralliant des masses innombrables qu'il savait conduire en des batailles difficiles. Cette étroite alliance avec les ruraux lui permit de démolir de fond en comble l'appareil gouvernemental de la bourgeoisie et de commencer l'édification du sien propre. La puissance des masses prolétariennes et paysannes rassemblées autour des Soviets nous est démontrée par les résultats des élections à l'Assemblée constituante. Le scrutin eut lieu sur des listes antérieures, en bien des endroits, à octobre. Il montre quelle était en Russie la proportion des forces. Ces résultats des élections à la Constituante ont été analysés par Lénine. Les voici (les voix sont exprimées en milliers) :

SUFFRAGES OBTENUS

Régions	Socialistes-révolutionnaires		Communistes (bolchéviks)		Cadets		Totaux
	Chiffres absolus	o/o	Chiffres absolus	o/o	Chiffres absolus	o/o	
Nord	1.140	38	1.777,2	40	393,	13	2.975,1
Centre industriel)....	1.987,9	38	2.305,6	44	550,2	10	5.242,5
Volga	4.733,9	70	1.115,6	16	267	4	6.764,5
Ouest	1.242,1	43	1.282,2	44	48,1	2	2.961
Oural	1.546,7	43-62	443,2	12	181,3	5	3.583,5
Sibérie	2.094,8	75	273,9	10	87,5	3	2.186,7
Ukraine ...	1.878,1	25-77	754	10	277,5	4	7.581,3
Armée et Marine ..	1.885,4	43	1.671,3	38	51,9	1	4.363,6

Rien n'est plus instructif que ce tableau. Les bolchéviks recueillirent 25 % des suffrages, les s.-r. et les menchéviks 62 % (les s.-r. de gauche et de droite avaient fait liste commune). Les partisans du pouvoir des Soviets eurent la majorité dans les régions prolétariennes et dans les régions agraires dominées par le capital industriel. Le nord, la région industrielle du centre et l'ouest, voilà les parties du pays où la révolution s'accomplit en octobre et où se réunissent autour d'elle les masses prolétariennes et paysannes qui lui constituent un rempart ferme et durable. Il y avait dans ces régions un noyau prolétarien compact que suivit la petite bourgeoisie paysanne.

L'influence du prolétariat sur les paysans ressort le mieux de la comparaison du nombre des voix recueillies par les bolchéviks par régions et par armées. Ce nombre fut surtout élevé dans les régions industrielles et dans les armées voisines de ces régions. Au front nord, les bolchéviks obtinrent 61 % du total des voix, et au front ouest 67 %. Le rassemblement de ces masses autour des Soviets, dans les premiers mois du nouveau régime — on retiendra qu'elles étaient concentrées sur un territoire géographique bien déterminé — fit la stabilité et la puissance de la révolution, qui dès lors exprima les aspirations, la volonté des grandes masses du peuple travailleur. La prédominance du prolétariat au sein de ces masses assurait la stabilité et l'efficacité de la tendance socialiste. Ce rapport des forces explique l'échec des actions entreprises par les s.-r. et les menchéviks et la fin sans gloire de l'Assemblée constituante. La majorité des travailleurs était pour les Soviets. Les revendications de la démocratie bourgeoise étant satisfaites, la lutte pour la transformation socialiste ressortait de plus en plus; la défense des conquêtes d'Octobre à l'intérieur (contre la bourgeoisie), comme à l'intérieur, rendait urgentes les mesures socialistes. Le conflit avec la bourgeoisie nationale devenait un conflit avec le capitalisme mondial, et la lutte pour la paix avec le capitalisme mondial se confondait avec la lutte contre la bourgeoisie nationale. Le caractère international de la révolution apparaissait en pleine lumière.

Le IIIe Congrès des Soviets précisa la victoire de la tendance socialiste de la révolution d'Octobre. Ce congrès, logiquement rattaché au IIe, dressa le bilan de l'œuvre accomplie par les Soviets dans leurs dix premières semaines d'existence, détermina et sanctionna les tendances nouvelles de cette œuvre, précisa en un mot le programme d'Octobre. Lénine, rapporteur du Conseil des Commissaires du Peuple devant le congrès, constata que l'étroite alliance des ouvriers et des paysans, les bolchéviks avaient toujours considérée comme nécessaire à la création du pouvoir des travailleurs, enfin réalisée, embrassait des masses innombrables et conférait aux Soviets une puissance exceptionnelle. « Jamais, dit-il, nous n'avons douté que seule l'union des ouvriers et des paysans les plus pauvres, de ces demi-prolétaires dont il est parlé dans le programme de notre parti, pourrait embrasser en Russie la majorité de la population et assurer le pouvoir. Nous avons réussi depuis le 25 octobre à surmonter en quelques semaines toutes les difficultés et à asseoir le pouvoir sur cette alliance durable [1] ». Le prolétariat et les paysans unis, satisfaisant les revendications bourgeoises-démocratiques des paysans et les revendications socialistes du prolétariat, affrontaient un ennemi commun, le monde bourgeois, le système capitaliste et lui portaient, en mettant le socialisme à l'ordre du jour, des coups redoutables. Lénine, exposant les mesures prises par le pouvoir des Soviets, disait : « L'une des premières tend non seulement à bannir du sol russe les propriétaires fonciers, mais aussi à saper à la base la domination bourgeoise et la possibilité même du joug du capital sur des millions et des dizaines de millions de travailleurs: c'est la nationalisation des banques [2] ».

Cette mesure satisfaisait à la fois les deux tendances de la révolution d'Octobre et constituait un pas vers le socialisme. D'autres avaient été faits dans le domaine de la production. « Nous avons passé du contrôle ouvrier à la création du Conseil Supérieur de l'Economie Nationale...

1. LÉNINE: *Œuvres complètes*, t. XV, p. 74.
2. *Ibid.*, p. 83.

Seule cette mesure — Lénine le soulignait dans son rapport — nous donnera, en même temps que la nationalisation des banques et des chemins de fer qui aura lieu prochainement, la possibilité de commencer l'édification de la nouvelle économie socialiste. La Russie entre dans la voie de la réalisation du socialisme. » (LÉNINE)

Le bilan était net : le drapeau de la révolution d'Octobre avait rallié des millions de prolétaires et de paysans pauvres, la lutte de ceux-ci pour leurs revendications bourgeoises en avait fait de sûrs alliés et compagnons d'armes du prolétariat, les avait dressés contre la bourgeoisie, les avait obligés à frapper celle-ci à la base même de son système, avait posé devant eux le problème de la suppression de la bourgeoisie et du passage à de nouvelles formes d'organisation du travail. Cette réunion du prolétariat et de la petite bourgeoisie sur une seule plate-forme permit au IIIe Congrès d'exprimer nettement et brutalement sa volonté, son programme. La déclaration des droits des travailleurs et du peuple exploité fut le manifeste du Congrès, le bilan de son travail et le programme des luttes ultérieures. Les tâches mondiales, internationales, de la révolution d'Octobre y furent définies de même que les nécessités locales. La Russie entrait dans la voie du combat pour le socialisme. Aussi la dictature du prolétariat s'y instituait-elle, définitive, devant s'étendre à toute la période de transition: Tout le pouvoir aux Soviets dans les centres et dans les provinces! Le pouvoir aux Soviets se donnait pour but l'abolition de l'exploitation de l'homme par l'homme dans le monde entier. Bref, la dictature du prolétariat instituée en Russie se donnait pour but la lutte pour la révolution mondiale. Faisant dans cette voie un premier pas vers le socialisme, la classe ouvrière anéantissait la domination du capitalisme en Russie. C'était frapper le capitalisme dans l'univers. Voici le texte de cette mémorable déclaration:

DECISION

DU CONGRÈS PANRUSSE DES SOVIETS DE DÉPUTÉS

OUVRIERS, SOLDATS, PAYSANS ET COSAQUES

Déclaration des droits du peuple travailleur et exploité

I

« 1. La Russie est proclamée République des Soviets (Conseils) des Députés Ouvriers, Soldats et Paysans. Tout le pouvoir central et local appartient à ces Soviets.

« 2. La République des Soviets de Russie s'institue sur la base de la libre union des nations libres, en Fédération de républiques soviétiques nationales.

II

« S'assignant pour tâche fondamentale l'abolition de toute exploitation de l'homme par l'homme, l'élimination complète de toute division de la société en classes, l'impitoyable anéantissement des exploiteurs, l'institution d'une organisation socialiste de la société et la victoire du socialisme dans tous les pays, le IIIᵉ Congrès des Soviets décide en outre :

« 1. Afin de réaliser la socialisation du sol, la propriété privée des terres est abolie et l'ensemble des terres déclaré propriété commune du peuple transmise sans aucun rachat aux travailleurs, à la base d'un usufruit égalitaire.

« Les forêts, le sous-sol et les eaux d'une importance nationale et aussi tout le cheptel vif et mort, tous les domaines et toutes les entreprises agricoles, sont déclarés patrimoine national.

« 2. La loi soviétique sur le contrôle ouvrier et le Conseil Supérieur de l'Economie nationale est confirmée afin d'assurer le pouvoir des travailleurs sur les exploiteurs, comme un premier pas vers le passage complet des fabriques, des usines, des mines, des chemins de fer et des autres moyens de production et de transport au patrimoine de la république ouvrière et paysanne des Soviets.

« Le IIIe Congrès des Soviets considère la loi soviétique portant annulation des dettes des gouvernements du tsar, des propriétaires fonciers et de la bourgeoisie comme un premier coup porté au capital bancaire et à la finance internationale; le IIIe Congrès exprime la conviction que le pouvoir des Soviets marchera d'un pas ferme dans cette voie jusqu'à la victoire complète de l'insurrection ouvrière sur le joug du capital.

« 3. La transformation de toutes les banques en propriété de l'Etat ouvrier et paysan est confirmée comme une des conditions de la libération des masses laborieuses du joug du capital.

« 4. L'obligation générale du travail est établie afin d'anéantir les couches de parasites de la société et de l'organisation économique.

« 5. L'armement des travailleurs, la formation d'une armée rouge socialiste des ouvriers et des paysans et le désarmement complet des classes possédantes, sont décrétés afin d'assurer la plénitude du pouvoir aux masses laborieuses et d'écarter toute possibilité de rétablissement du pouvoir des exploiteurs.

III

« 1. Exprimant l'inébranlable résolution d'arracher l'humanité aux griffes du capital financier et de l'impérialisme qui ont inondé la terre de sang par la guerre actuelle, la plus coupable de toutes les guerres, le IIIe Congrès des Soviets adhère sans réserve à la politique du pouvoir des

Soviets, politique d'annulation des traités secrets, d'organisation de la fraternisation la plus large avec les ouvriers et les paysans des armées qui se combattent actuellement, et d'obtention à tout prix, par des mesures révolutionnaires, d'une paix démocratique entre les peuples, paix sans annexions ni contributions, basée sur le droit des nations à disposer librement d'elles-mêmes.

« 2. Poursuivant les mêmes fins, le IIIᵉ Congrès des Soviets insiste sur une rupture complète avec la politique barbare de la civilisation bourgeoise, qui érige le bien-être des exploiteurs d'un petit nombre de nations élues sur l'asservissement de centaines de millions de travailleurs des peuples de l'Asie, des colonies en général et des petits pays.

« Le IIIᵉ Congrès des Soviets approuve la politique du Conseil des Commissaires du Peuple qui a proclamé l'indépendance complète de la Finlande, commencé le retrait des troupes russes de la Perse, déclaré l'Arménie libre de disposer d'elle-même.

IV

« Le IIIᵉ Congrès des Soviets pense qu'au moment actuel, alors que se déroule une lutte décisive des peuples contre leurs exploiteurs, ces derniers ne doivent avoir de place dans aucun des organes du pouvoir. Le pouvoir doit appartenir en entier, exclusivement, aux masses laborieuses et à leur représentation munie de pleins pouvoirs, les Soviets de Députés Ouvriers, Soldats et Paysans.

« Aspirant aussi à réaliser l'union vraiment libre et volontaire, et d'autant plus complète et ferme, des classes laborieuses de toutes les nations de la Russie, le IIIᵉ Congrès se borne à déterminer les premiers principes de la Fédération des républiques soviétiques de Russie, laissant aux ouvriers et aux paysans de Russie, laissant aux ouvriers

et aux paysans de chaque nation, le soin de décider eux-
mêmes dans leurs congrès de Soviets, exerçant la plénitude
du pouvoir, s'ils désirent (et dans quelles conditions) participer au gouvernement fédéral et aux autres institutions
fédérales soviétiques. »

* *
*

Lénine résumant les travaux du III⁰ Congrès en marqua
très bien l'importance. Ce Congrès s'était assigné pour tâche
de commencer, grâce à l'alliance étroite du prolétariat et
des paysans, à bâtir l'édifice lumineux et puissant de la
société socialiste. « Ce congrès, disait Lénine, a une signification mondiale. Il a ouvert une nouvelle ère dans l'histoire du monde et l'on commence, dans les conditions de
la révolution mondiale, à s'en rendre compte de mieux en
mieux. Ce congrès a posé, en sanctionnant l'organisation du
nouvel Etat créé par la révolution d'Octobre, les jalons de
l'édification socialiste future dans le monde entier, pour
les travailleurs de tous les pays ».

L'œuvre de la révolution d'Octobre était achevée et
nettement définie en des formules ne tolérant ni objection
ni interprétations équivoques. Ce dont parlait Lénine au
IIᵉ Congrès des Soviets était maintenant précisé dans la
déclaration des droits des travailleurs : la révolution socialiste avait commencé, le prolétariat et les paysans de Russie
en avaient pris l'initiative en écartant de leur chemin la
bourgeoisie russe et tous ses alliés et auxiliaires conscients
et inconscients.

TABLE DES MATIÈRES